ABRAHAM

Amigo de Dios
y
padre de la fe

Colección biografías bíblicas

Samuel Pagán

Editorial **CLIE**

EDITORIAL CLIE
C/ Ferrocarril, 8
08232 VILADECAVALLS
(Barcelona) ESPAÑA
E-mail: clie@clie.es
http://www.clie.es

CLIE

ABRAHAM
Amigo de Dios y padre de la fe
ISBN: 979-13-87625-00-9
Depósito legal: B 17516-2025
Biografía bíblica / Antiguo Testamento
REL006030

Impreso en Estados Unidos de América / *Printed in the United States of America*

26 27 28 29 30 31 32 33 34 35 / TRM / 14 13 12 11 10 9 8 7 6 5 4 3 2 1

Acerca del autor

El Dr. Samuel Pagán es pastor de la Iglesia Cristiana Discípulos de Cristo en Puerto Rico, y ha servido por más de medio siglo en el desafiante y grato mundo de las traducciones de la Biblia. Además, ha sido profesor de Biblia en diversas partes del mundo, y decano y presidente de escuelas graduadas de teología y seminarios en Puerto Rico y los Estados Unidos.

Como escritor, el Dr. Pagán ha publicado más de 80 libros y escrito cientos de artículos referente a temas teológicos, bíblicos y pastorales. Y el libro del patriarca Abraham es uno en la importante serie de personajes bíblicos, a los cuales le ha dado prioridad en esta etapa de su vida y ministerio.

Está casado con la Dra. Nohemí Pagán, es padre de dos hijos, Samuel y Luis Daniel, suegro de dos nueras, Yasmín e Ileana, y abuelo de tres nietos, Samuel Andrés, Ian Gabriel y Mateo Alejandro, y una nieta, Natalie Isabel.

Agradecimientos

Dedico este libro sobre el patriarca Abraham a mis padres, Luis Pagán e Ida Luz Rosa, quienes en el hogar me enseñaron la importancia del mensaje de la Biblia y la relevancia de sus personajes.

Y con esta nueva obra, doy gracias a Dios por el Dr. Yochanan Muffs, mi profesor guía en el Seminario Teológico Judío de Nueva York. Bajo su cuidado, inicié mis estudios de la Biblia hebrea y el judaísmo. Y fue en ese ambiente académico y espiritual, que descubrí que Abraham era amigo de Dios y padre de la fe.

ÍNDICE

Prólogo

En el vasto universo de la literatura espiritual y teológica, pocos personajes han dejado una huella tan profunda como Abraham. En este cautivador libro, su autor nos invita a explorar la vida de este patriarca, presentándolo no solo como el padre de la fe, sino también como un amigo íntimo de Dios. Con una narrativa fascinante, el autor logra entrelazar la historia bíblica, el contexto cultural e histórico, y las aplicaciones espirituales que resuenan en la vida contemporánea.

Desde el primer capítulo, donde se establece la promesa divina a Abraham, hasta su muerte y legado, el autor demuestra un dominio excepcional del contexto bíblico y del texto mismo. Cada episodio de la vida de Abraham, ya sea su relación con Lot —el pacto con Dios— o su interacción con personajes como Abimelec, es tratado con un enfoque equilibrado que permite al lector apreciar las múltiples facetas de este hombre extraordinario. Las transiciones suaves entre narrativas bíblicas y reflexiones teológicas enriquecen la experiencia, haciendo que cada capítulo sea informativo y profundamente inspirador.

La habilidad del autor para integrar su conocimiento exegético, hermenéutico, con un lenguaje ameno y accesible es digna de reconocimiento. A medida que seguimos a Abraham en su peregrinación, desde su llamado divino hasta los momentos de prueba más intensos, somos guiados a reflexionar sobre nuestro propio viaje de fe. Su enfoque en las virtudes de Abraham: su obediencia, su perseverancia y su capacidad para interceder por otros, nos anima a emular su ejemplo en nuestras propias vidas.

Además, el autor no se limita a presentar a Abraham como un ícono de perfección. Destaca y explica sus fallas humanas: la mentira, la falsedad, y la condescendencia hacia la singular sugerencia de Sara de "cumplir" la promesa de un hijo dada por Dios, todo ello con sus respectivas consecuencias. Aborda, con precisión, la perspectiva neotestamentaria sobre el legado del padre de la fe a la iglesia de Cristo. Muestra, además, la relevancia de Abraham en el judaísmo y el islam. Los capítulos finales ofrecen una visión contemporánea sobre su legado, recordándonos que su influencia permanecerá en todas las familias de la tierra. Este libro no solo es una biografía; es un estudio profundo que nos invita a reconsiderar nuestra relación con Dios, con los demás y con nuestro caminar en la fe.

En resumen: "Abraham: Padre de la fe y amigo de Dios" es una obra que combina erudición y accesibilidad, invitando a los lectores a sumergirse en la vida de uno de los personajes más importantes de la historia sagrada. Con cada página, el autor nos desafía a explorar nuestras propias creencias y a buscar una relación más profunda con lo divino, haciendo de esta lectura una experiencia transformadora.

Extiendo mis más sinceras felicitaciones al doctor Samuel Pagán por esta magnífica obra, recomendada para todo creyente en Cristo sin distingo. Es una contribución valiosa a la literatura bíblica teológica y un testimonio de su dedicación y pasión por explorar las profundidades de la fe.

Rigoberto M. Gálvez Alvarado. MSc, ThD, PhD.
Pastor, autor, profesor de Teología Bíblica y Sistemática

Prefacio

Por la fe Abraham, quien había recibido las promesas,
fue puesto a prueba y ofreció a Isaac, su hijo único,
a pesar de que Dios le había dicho:
"Tu descendencia se establecerá por medio de Isaac".
Consideraba Abraham que Dios tiene poder
hasta para resucitar a los muertos;
en sentido figurado, recobró a Isaac de entre los muertos.

Hebreos 11:17-19

El Abraham bíblico

De acuerdo con la Carta a los hebreos, Abraham era un hombre de fe. Una persona obediente a la voluntad divina, que no se amilanaba ante los grandes desafíos de la vida. Un líder que estaba dispuesto a hacer lo inimaginable si el Señor lo ordenaba. Y esa devoción y fidelidad del patriarca, motiva al autor neotestamentario a reconocer que Dios tenía poder hasta para resucitar muertos.

En ese marco teológico amplio es que comienzo a estudiar, reflexionar y escribir un nuevo libro sobre el patriarca Abraham. Un personaje bíblico que ha sido ejemplo de fe para las tres religiones monoteístas. Luego de más de tres milenios, las enseñanzas que se desprenden de su vida sirven de modelo y buenos testimonios para sinagogas, iglesias y mezquitas.

Las dos afirmaciones que vamos a destacar en este libro son las siguientes: Abraham es "amigo de Dios" y "padre de los creyentes". Esas dos descripciones, que están directamente asociadas a la vida del patriarca, ponen de relieve la intimidad del patriarca con Dios, y las repercusiones que esa cercanía con lo divino propicia para la humanidad, especialmente para las personas creyentes. En efecto, el testimonio de alguien como Abraham es digno de estudiar con detenimiento.

Mi análisis, al escribir este nuevo libro sobre Abraham, se fundamenta en un diálogo íntimo con el texto bíblico. Especialmente deseo estudiar detenidamente las narraciones sobre Abraham, que se incluyen en el primer libro de la Biblia (Gn 11:27–25:18), aunque exploraré las repercusiones de esos testimonios en el resto de las Escrituras. Mi objetivo fundamental es identificar temas desafiantes, estudiar teologías pertinentes, descubrir detalles significativos, y disfrutar enseñanzas transformadoras que se desprenden de la vida del famoso patriarca hebreo.

Abraham, aparte de Moisés, es el personaje que más se menciona en el Antiguo Testamento. Su descripción como "amigo de Dios" (St 2:23) no se confiere a ninguna otra persona en la Biblia. Además, su importancia histórica se pone claramente de manifiesto al descubrir que los creyentes de todas las generaciones se identifican como "hijos de Abraham" (Gl 3:7).

Para el estudio voy a utilizar, en compañía a la Biblia Hebraica Stuttgartensia, las versiones en castellano más utilizadas por los creyentes y las iglesias (p.ej., NVI, RV1960, BJ, entre otras). Y emplearé tiempo para analizar términos y expresiones en hebreo, y algunas en griego, cuando esas explicaciones contribuyan positivamente a una mejor comprensión de las narraciones bíblicas.

El Abraham histórico

Una figura tan importante en la Biblia, que ha tenido influencias positivas en la historia en el cristianismo y el islam, debe ser estudiada desde varias perspectivas. Analizar los componentes teológicos en diversos contextos de la vida de Abraham es impostergable, y revisar las implicaciones éticas, morales y espirituales de su vida son necesarias.

De la vida de Abraham tenemos bastante información en las narraciones bíblicas (Gn 11:26–25:11); sin embargo, de su nacimiento y primeros años de vida los detalles personales son escasos. Cuando en las Sagradas Escrituras se menciona al patriarca por primera vez, ya tenía setenta y cinco años (Gn 11:28).

En ese entorno de estudios y reflexiones hay detalles, sobre las investigaciones en torno al patriarca, que son importantes para nuestro análisis. Los contextos sociales y culturales que se desprenden de las narraciones bíblicas coinciden con el conocimiento actual de las costumbres en el Oriente Medio en el segundo milenio a.C. Y esas comprensiones nos permiten entender mejor algunos temas y varias experiencias en la vida del patriarca como son las alianzas o los pactos, los sacrificios, y las dinámicas alrededor de sus vivencias y tradiciones nómadas.

Grandes tiendas nómadas, quizás como la de Abraham.

Las investigaciones arqueológicas de ciudades mencionadas en las narraciones patriarcales, como Ur y Jarán, han descubierto detalles de las realidades cotidianas que se incluyen en los relatos bíblicos. Y esos datos culturales descubiertos en las investigaciones, están en coherencia con los relatos de la vida de Abraham en esas ciudades.

De acuerdo con las narraciones bíblicas, el padre de Abraham, Taré (Gn 11:27), y su familia provienen de Ur, una ciudad importante al sur de Mesopotamia, que estaba ubicada sobre el río Éufrates —entre el actual Golfo Pérsico y la contemporánea metrópoli de Bagdad— salieron de Ur para establecerse en Jarán (Gn 11:31-32), enclavada en la ruta comercial entre Nínive y Damasco. Y, finalmente, Abraham y su familia prosiguieron su peregrinar hasta las tierras de Canaán.

Algunos estudiosos piensan que Abraham también podría ser una figura que representa la personificación de grupos tribales antiguos. En el caso del patriarca, su figura se asocia a diversas comunidades que se trasladaron de Mesopotamia a Canaán. Su vida simbolizaría la memoria colectiva de esas comunidades antiguas. Inclusive, hay académicos que entienden que Abraham representa los ideales y valores, asociados a la fe y la obediencia, de los antiguos grupos hebreos.

El presupuesto teológico y metodológico en nuestro estudio es que Abraham es un personaje bíblico que representa la voluntad divina en un momento preciso de la historia. Y que el patriarca, además de iniciar con su vida estas tradiciones, ha legado a la historia y al monoteísmo enseñanzas extraordinarias referente a la fe, la obediencia y la confianza en las promesas de Dios.

El Abraham contemporáneo

Las enseñanzas relacionadas con la vida de Abraham son importantes para la sociedad contemporánea en general, y para las comunidades de fe en particular. La demostración de una vida guiada por buenos valores morales, principios éticos y convicciones espirituales han sido fundamentales en las tres religiones abrahámicas: judaísmo, cristianismo e islamismo.

En primer lugar, Abraham es símbolo de la posibilidad de diálogos interreligiosos. Al ser una figura respetada por tres religiones monoteístas, el patriarca se convierte en modelo para incentivar el respeto y propiciar los diálogos entre diversos sectores religiosos del mundo. Además, del estudio de la vida de Abraham se desprenden valores, entre los que se incluyen los siguientes: fe, obediencia a Dios, confianza en las promesas divinas, respeto a la dignidad humana, y solidaridad con las personas cautivas y en necesidad.

El patriarca es también una inspiración ética y moral, y un buen modelo de fe liberadora y espiritualidad saludable. También es símbolo de resiliencia y esperanza, pues tuvo la capacidad de esperar las promesas divinas, aunque la vida pasaba y los años avanzaban. La incertidumbre y los desafíos no detuvieron el paso de Abraham al futuro.

De singular importancia referente a la vida de Abraham es que la Biblia no esconde sus dificultades personales y debilidades. Por lo menos en dos ocasiones, el famoso patriarca mintió en referencia a su relación con Sara, que en vez de presentarla como esposa lo hacía como hermana (Gn 12:10-20; 20:1-18). El propósito de esas acciones, que demuestran inseguridades, temores y ansiedades, era proteger su vida en ambientes políticos y sociales que podrían ser hostiles. En ambos casos, sin embargo, Dios permitió al patriarca superar la crisis, demostrando el poder de la misericordia divina.

Mis recomendaciones para el uso de este libro en torno a Abraham son varias. Deseo que se lea en las iglesias locales, en los estudios bíblicos congregacionales y en los cultos de hogar; y espero que los temas expuestos incentiven sermones y diálogos teológicos sobrios y sabios. Es mi deseo que esta obra contribuya positivamente al desarrollo de la espiritualidad personal y colectiva. Además, debo afirmar que el lenguaje usado es popular, pues evito tecnicismos y palabras de difícil comprensión.

Gratitudes

No han sido pocas las personas a las que debo mi agradecimiento al finalizar este nuevo libro. Entre esas personas están mi padre y mi madre, Luis Pagán e Ida Luz Rosa, que me iniciaron en el mundo de los estudios bíblicos. También reconozco a mis profesores en el Seminario Teológico Judío en Nueva York. Ese buen grupo de colegas me acompañaron en un peregrinar educativo, que se caracterizó por las reflexiones y los diálogos interreligiosos. Y, especialmente, agradezco y dedico este libro a mi profesor guía, Dr. Yochanan Muffs, que me inició en el estudio de las figuras bíblicas de importancia histórica y teológica como Abraham.

Y como en todos mis libros, mi agradecimiento especial va a la Dra. Nohemí Pagán, quien lee con criticidad mis manuscritos, evalúa con sobriedad mis reflexiones, comenta con inteligencia mis ideas y edita con sabiduría mis escritos. Gracias, Nohemí, mi eterna Dulcinea, por estar a mi lado cuando más lo necesito.

Y para culminar este prólogo, incluyo un poema que escribió un buen colega y amigo, Dr. Pedro Miranda, "Bendita la prueba que me conduce al Señor". Estos versos hermosos ponen claramente de manifiesto los desafíos que vivió Abraham en su peregrinar al futuro, fundamentado en su amistad con Dios y en su fe.

A la víspera estoy de encontrar esa ruta
Que me lleve a senderos y un destino contigo
Donde no vacilen mis ritmos torcidos
Que me alejan de aquello que nunca yo he sido.

Estoy cerca de encontrar esa ruta
Donde la hiel sucumbe ante fecunda añoranza
Y el amor entre otros es encuentro constante
Y el encanto de ser se entremezcla en tu celo.

A un paso estoy, mi Señor, de fundirme otra vez
En aquello que fui cuando mi embrión observaste
Ante el calor de una madre que también era dios
Donde jugabas conmigo y sabía de ti.

A un respiro estoy de volver a nacer
De dejar aquello a lo que tanto me aferro
Que destruye ese ego que sembraste en mi pecho
Cuando te plugo traerme a este terruño sagrado.

Me trazaste un camino, al que pronto entraré
Dejando estos miedos que destruyen anhelos
Acariciando esperanzas y observando en silencio
Que en la ruta con otros es que muere el desierto.

Llegaré. Pronto. Cercano está el día
Lo sé, y será en esta vida
El camino feliz sorprenderá, esta, mi estancia
Que me asfixia y ahoga, pero que tiene final.

Lo declaro y lo urjo, sacudiré mis cimientos
Para que muera este aliento que consume mi andar
¡Sí! A la víspera estoy de comenzar a vivir
Contigo en mí, y conmigo en ti.

Dr. Samuel Pagán
Clermont, Florida
30 de noviembre de 2024

Introducción

Téraj salió de Ur de los caldeos rumbo a Canaán.
Se fue con su hijo Abram, su nieto Lot, hijo de Harán,
y su nuera Saray, la esposa de Abram.
Sin embargo, al llegar a la ciudad de Jarán,
se quedaron a vivir en aquel lugar
y allí mismo murió Téraj a los doscientos cinco años.

Génesis 11:31-32

El personaje bíblico

En la lista de personajes distinguidos en la Biblia, Abraham ocupa un lugar protagónico. Aunque Moisés, Débora, Elías, David, María Magdalena y Pablo, entre otros, contribuyen de forma destacada a la historia de la salvación en las Sagradas Escrituras, únicamente el patriarca Abraham se identifica y distingue, no solo como "padre de la fe" o de los creyentes (Gl 3:7, 29) sino como "amigo de Dios" (2 Cr 20:7; Is 41:8). Y esa distinción íntima tiene repercusiones espirituales, teológicas, culturales e históricas.

Referente a la importancia de nuestro famoso patriarca, debemos añadir que inclusive su nombre se relaciona íntimamente con algunos atributos divinos. El Dios de la Biblia hebrea se le conoce como "Dios de Abraham" (Ex 3:6, 15, 16), y padre del pueblo de Israel (Is 51:2). Además, la importante expresión bíblica, "Dios de Abraham, Isaac y Jacob" (Ex 4:5; Mt 22:32), pone de relieve la relación entre el Señor de la creación y la historia primitiva de Génesis, y el líder que sale de su hogar y sus tierras en la antigua ciudad de Ur (Gn 12:1-20), para comenzar un nuevo proyecto de vida al futuro. Y es esa decisión del patriarca la que establece los fundamentos históricos y teológicos, de acuerdo con los relatos bíblicos, del pueblo de Dios.

En esta obra, las referencia al famoso patriarca hebreo se harán con su nombre tradicional, Abraham. Al comienzo de las narraciones bíblicas su identificación se relacionaba con su nombre original, Abram, pero posteriormente en las Sagradas Escrituras (Gn 17:5) se cambia a Abraham, como una manifestación de la autoridad divina. Además, ese cambio de nombre pone de manifiesto una nueva relación divino-humana con el patriarca. Abram significa, "padre exaltado"; y Abraham transmite la idea de "padre de multitudes o padre de muchas naciones", que pone en evidencia la transformación de su encomienda divina. Y este cambio de nombre, también revela la expansión de la promesa divina al incorporar en la revelación a generaciones del futuro y a multitud de naciones.

Es de singular importancia notar que, en la Biblia, los cambios de nombres tienen implicaciones que sobrepasan los límites de la lingüística. Esos cambios implican transformaciones profundas, pues suelen estar acompañados de nuevos significados espirituales y teológicos. A menudo, reflejan renovaciones en la identidad, el propósito de vida, o en la relación de una persona con Dios.

Entre los personajes que vivieron esas transformaciones divinas asociadas al nombre, además de la experiencia con el patriarca, se incluyen los siguientes personajes bíblicos: la esposa de Abraham, Saray, que es transformada en Sara (Gn 17:15), que significa princesa, y es una manera de destacar su nuevo papel en la vida y misión del patriarca; y el nombre de Jacob se cambia a Israel (Gn 32:28), para destacar la transformación de la relación con Dios, luego de luchar con el enviado divino y angelical, además de poner de relieve su singular futuro como parte del pueblo del Señor.

Los cambios de nombres, con implicaciones teológicas y transformadoras, también se encuentran en el Nuevo Testamento. Y entre las personas transformadas, en las que se utiliza el cambio de nombre para delatar esas experiencias de vida, están dos líderes de importancia capital en el nacimiento de la iglesia. Simón es cambiado a Pedro (Jn 1:42), que significa roca o piedra, y destaca su fortaleza en la fe. La experiencia de conversión y renovación en Saulo, que era un aguerrido perseguidor de los creyentes (Hch 13:9), se describe y destaca con su nuevo nombre, Pablo. Y esa forma novel de identificar al apóstol revela su nuevo proyecto de vida, de perseguidor a embajador de la gracia divina a los gentiles.

La historia primigenia

Las narraciones bíblicas comienzan en el libro de Génesis, con una serie de declaraciones teológicas referentes a la creación del cosmos y de la humanidad, antes del llamado de Abraham (Gn 1:1–11:26). Esos relatos, además de discutir temas teológicos fundamentales, como la creación de la naturaleza, el orden en el universo, y el pecado y la caída de Adán y Eva por la desobediencia, preparan el camino para la llegada al mundo bíblico del patriarca, que inaugura una dimensión nueva del diálogo divino-humano. Y es ese tipo de conversación íntima con el Dios creador, en efecto, el que sirve de marco de referencia para presentar la voluntad divina al pueblo en medio de la sociedad.

Los primeros once capítulos del libro de Génesis articulan una comprensión universal de la creación, pues toman en consideración no solo el entorno inmediato de la iniciativa divina y el huerto del Edén (Gn 1:1–3:24), sino las implicaciones teológicas de la desobediencia, la soberbia y la caída de la humanidad. Y ese acto de rebeldía a la revelación divina de Adán y Eva, se manifestó posteriormente en la violencia entre Caín y Abel (Gn 4:1-16), en el rechazo al llamado divino en las narraciones del diluvio universal (Gn 6:1–9:29), y también en la confusión de los lenguajes en la antigua ciudad de Babel (Gn 11:1-11).

En ese contexto de narraciones intensas referentes a la naturaleza humana, es Noé quien anuncia que serán los descendientes de Sem los

Zigurat babilónico, o templo de escalones, quizás como la torre de Babel.

que recibirían la famosa promesa divina (Gn 3:15). Las comunidades cristianas han relacionado directamente esa importante promesa divina con la revelación y manifestación del Mesías, que al final de los siglos vencerá a Satanás y todas las fuerzas del mal (Rm 16:20; Ap 12:17).

En el relato de la torre de Babel (Gn 11:1-11), Dios rechaza abiertamente la rebeldía y el egocentrismo de la humanidad, al querer construir una torre para llegar al cielo (Gn 11:4). Y ese acto impropio de egocentrismo humano era una manera pública de menospreciar el poder divino, y una forma inadecuada de autoproclamarse independientes del poder, la autoridad y la voluntad de Dios.

Las narraciones que prosiguen a la llamada "historia primigenia o primitiva" del libro de Génesis (Gn 1:1–11:32), presentan una serie de relatos sobre los patriarcas hebreos (Gn 12:1–50:26). Y entre esos distinguidos patriarcas se encuentran Abraham, Sara y sus descendientes, que imprimen a la historia de la salvación en la Biblia una huella destacada e indeleble, pues su relación con el Dios Eterno se describe como cercana, íntima y de amistad.

La torre de Babel

Los descendientes de Noé (Gn 10:1-32), luego de superar la crisis del diluvio, se esparcieron por toda la tierra. En ese momento histórico, de acuerdo con el relato bíblico, en la tierra se hablaba un solo idioma (Gn

11:1). Y con esa singular comprensión de la sociedad y del mundo, de que lo unía un solo lenguaje, el pueblo asociado con Noé fue moviéndose al oriente, en donde hallaron las tierras de Sinar, ubicada en una llanura entre los ríos Éufrates y Tigris, en Mesopotamia.

La confusión de las lenguas fue el resultado de una muy directa y clara intervención divina, cuando el Señor se percató de la iniciativa humana "que deseaba llegar al cielo" (Gn 11:4). Esta expresión en hebreo es una forma lingüística de aludir a un proyecto que intenta desafiar los límites que Dios puso a la humanidad (Is 14:13-14; Gn 3:6; Ez 28:2). Como respuesta a esa actitud impropia, que revela prepotencia, infidelidad e insensibilidad, es que Dios desciende y confunde el idioma, que es el contexto en el cual se desarrollan diversos lenguajes en la humanidad, de acuerdo con las narraciones bíblicas. Y el origen de los diversos idiomas en el mundo, según el libro de Génesis, es el egocentrismo humano y la intervención divina, que desea mantener a las personas y los pueblos dentro de la voluntad de Dios.

En las ciudades babilónicas se construían templos conocidos como *zigurat,* en forma de pirámide y en escalones. Para esas antiguas comunidades, la cima de las torres representaba el contacto y la unión entre el cielo y la tierra, era el punto de encuentro entre lo divino y lo humano. El *zigurat* que estaba en Babilonia medía unos 90 metros de ancho y como 90 metros de alto. La torre "que debía llegar al cielo", en el famoso relato bíblico, era una representación de la altanería de la humanidad, que deseaba organizar una comunidad independiente de Dios, actitud que fue directamente rechazada por el Señor (Is 14:13-14). Y de gran importancia teológica en la narración es que el nombre Babel, del cual proviene Babilonia, se asocia con la idea de "puerta para llegar a dios o puerta de los dioses", sin embargo, en la Biblia se identifica la ciudad con el verbo hebreo *balal*, cuya pronunciación transmite la idea de "confundir".

La torre de Babel representa las actitudes humanas que rechazan la autoridad y la voluntad de Dios, para sustituirlas por gestos egoístas, actitudes prepotentes y decisiones impropias fundamentadas en la conveniencia personal y en el rechazo de la hegemonía divina. Y en contraposición a esas decisiones que llevaron a la confusión de las lenguas, en el Nuevo Testamento se afirma que la llegada del Espíritu Santo a los creyentes el día de pentecostés, cuando estaban en actitudes de unidad y humildad ante Dios, tiene la capacidad y el poder de facilitar la comprensión de lenguajes, los diálogos interculturales y la comunicación con Dios (Hch 2:1-8).

Terrazas del templo de Zigurat de Ur.

Los descendientes de los hijos de Noe fueron tres, según el texto bíblico: Sem, Cam y Jafet (Gn 10:1), y esos hijos, a su vez, tuvieron familias. Dos años después del diluvio, y a la edad de cien años, Sem engendró a Arfaxad, que procreó otros hijos, ¡y vivió otros quinientos años! (Gn 11:11).

Las referencias a los muchos años de vida en los personajes bíblicos aluden a la importancia del personaje en las narraciones bíblicas. La longevidad, en la antigüedad, se relaciona con el cumplimiento de alguna misión destacada o el desempeño de responsabilidades de importancia capital en los relatos asociados a la revelación divina.

Ur de los caldeos

Téraj salió de Ur de los caldeos rumbo a Canaán.
Se fue con su hijo Abram, su nieto Lot, hijo de Harán,
y su nuera Saray, la esposa de Abram.
Sin embargo, al llegar a la ciudad de Jarán,
se quedaron a vivir en aquel lugar
y allí mismo murió Téraj a los doscientos cinco años. Génesis 11:31-32.

La identificación de los descendientes de Sem culmina con la presentación de Téraj o Taré, padre de Abraham (Gn 11:24), que vivió setenta años; es decir, disfrutó una vida plena, completa y con sentido de misión, pues el siete y sus múltiplos apuntan hacia lo bien hecho, a lo que se ha llevado a efecto con responsabilidad y pulcritud (Sal 90:10). Además, este relato genealógico es muy importante, pues presenta a Lot como sobrino de Abraham, hijo del hermano del patriarca (Gn 11:27), y lo incorpora en el plan divino. Y es en esta narración bíblica que se indica el nombre de la ciudad donde vivían: Ur de los caldeos.

La ciudad de Ur, una de las más antiguas del sur de Mesopotamia, posiblemente estaba ubicada en las inmediaciones de la desembocadura del río Éufrates al golfo pérsico. Se identifica en los relatos bíblicos como "de los caldeos" (Gn 11:28, 31), pues con el tiempo, por los años 600-539 a.C., estuvo bajo el domino de ese pueblo de origen semita y de lengua aramea. De singular importancia, al estudiar la cultura y la historia de la ciudad, es que su principal divinidad era la luna, que con el tiempo se convirtió en uno de los signos representativos del islam.

En torno a la antigua ciudad de Ur es importante afirmar que, tanto los descubrimientos arqueológicos como los documentos asociados a la ciudad y la región, la identifican como una comunidad económicamente próspera y culturalmente avanzada. Es posible que su población llegara a unas doscientas cincuenta mil personas, que es el marco de referencia fiscal para tener un comercio local e internacional floreciente, activo y ordenado. Y entre los productos y las industrias de más importancia comercial en la

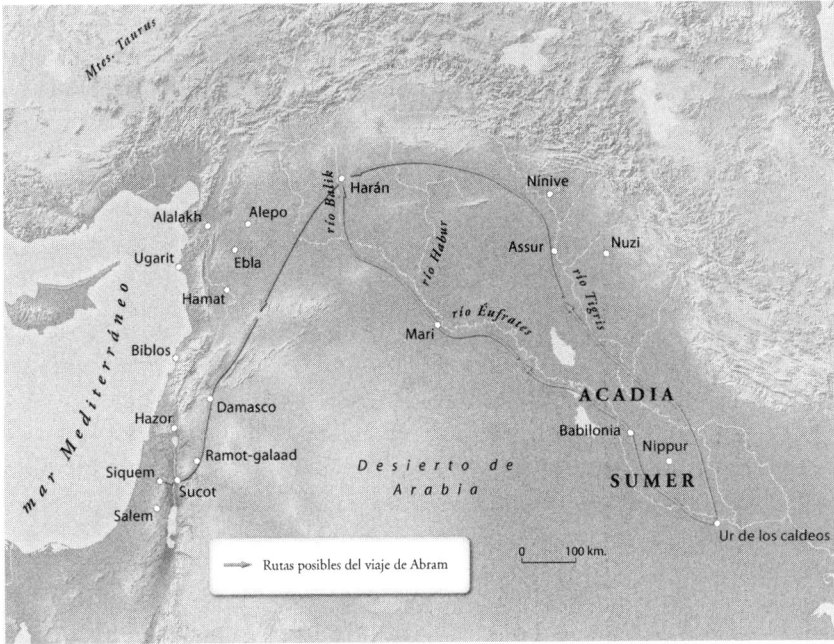

Posibles rutas de Abraham desde Ur de los caldeos.

ciudad estaban los siguientes: diversos tipos de tejidos, trabajadores de oro, plata, nácar y lapislázuli; carpinteros, constructores de barcos y alfareros.

La identificación precisa de la ciudad no es un proyecto fácil, por varias razones. En primer lugar, el nombre "Ur" significa "ciudad" en general, y algunos estudiosos piensan que la expresión "salir de Ur" tenía el sentido básico de dejar alguna ciudad babilónica de importancia. Otros académicos asocian la antigua Ur con varias comunidades que en la actualidad todavía se incluyen en mapas; por ejemplo, con Urfa en la actual Turquía (cerca de la frontera con Siria), o con Ura, en Asia Menor. Sin embargo, como Abraham salió hacia la ciudad de Jarán o Harán al noroeste, camino a Canaán, debemos descartar ambas posibilidades.

Una alternativa importante, para la ubicación de la antigua ciudad de Ur de los caldeos, es la moderna Tell el-Mukayyar, que está enclavada a orillas del río Éufrates, al sur de Iraq. El lugar ha sido estudiado con profundidad y es donde se han encontrado documentos que la identifican como la antigua y bíblica ciudad de Ur; además, se han hallado artefactos que delatan su prosperidad económica, sus dinámicas culturales y sus actividades comerciales.

El patriarca Abraham, en efecto, salió de una ciudad próspera, que daba a su familia seguridad económica y sentido de futuro, y que propiciaba un ambiente de sobriedad cultural importante para la estabilidad y la salud individual, familiar y comunitaria. Y se dirige a otra ciudad desconocida, que representaba lo desafiante, fundamentado en la revelación de Dios, de acuerdo con el relato bíblico.

Jarán o Harán, ciudad de paso

De acuerdo con el testimonio bíblico, Téraj o Taré salió con Abraham y Lot hacia Canaán, pero el grupo se detuvo en la ciudad de Jarán o Harán donde finalmente murió (Gn 11:32). En la antigüedad, esa ruta entre Ur y Jarán era muy importante, tanto desde la perspectiva comercial como de la militar. En la actualidad, ese viaje se debe ubicar en la región entre Siria y Turquía. Y entre esas dos ciudades había unos ochocientos ochenta y cinco kilómetros, y Jarán estaba al noroeste de la antigua Ur.

Es interesante descubrir que el nombre "Harán" significa "encrucijada", que pone claramente de manifiesto la naturaleza desafiante del lugar en los viajes del patriarca entre Ur y Canaán. Salieron de la próspera Ur, y la tentación era quedarse en Harán, que también era una ciudad progresista y económicamente muy desarrollada. Y en esta ciudad se adoraba a la divinidad Sin, también asociada con la luna, que estaba en continuidad con la adoración de los dioses de Ur.

Jarán era conocida por su templo, donde la adoración se dirigía a la diosa luna. Quizá esa continuidad religiosa de adoración de dioses asociados con la luna fue un factor de importancia para que el padre de Abraham se detuviera en esa ciudad. Inclusive, parte de la familia se quedó viviendo en esa región, como es el caso de Nacor (Gn 24:15; 28:5). El llamado a Abraham, sin embargo, no fue a quedarse en Jarán, sino proseguir a un lugar novel, aun desconocido, pero prometido por Dios.

Un elemento fundamental en la decisión de Abraham de proseguir su camino a Canaán era dejar atrás el politeísmo. En efecto, el patriarca deseaba comenzar con su familia y sirvientes una nueva etapa de relación con el Dios que se le había revelado. Y de ese peregrinar al futuro es que el monoteísmo fue tomando forma de manera paulatina.

Las narraciones sobre Abraham y su familia

En el capítulo doce de Génesis comienza un nuevo ciclo de narraciones bíblicas, que tiene como uno de sus temas básicos la vida de los patriarcas.

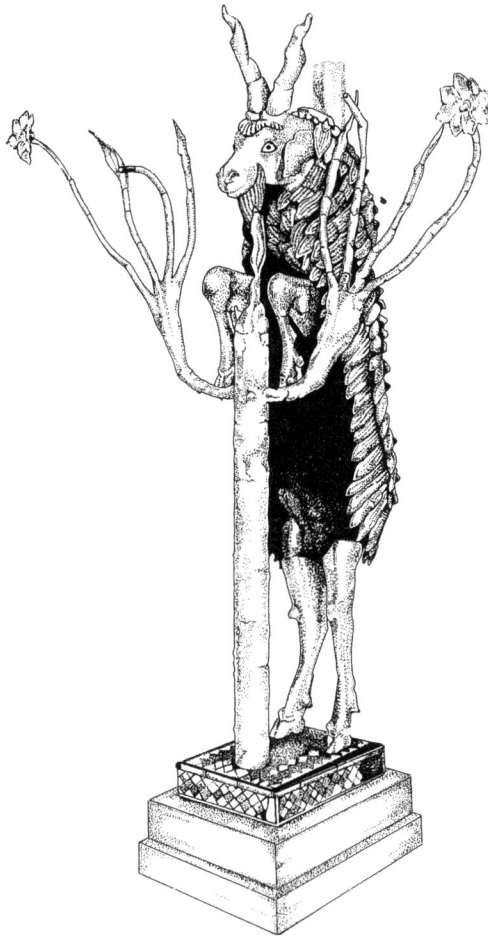

Macho cabrío. Figura encontrada en Ur, aproximadamente del 2500 a. C., relacionada con la época de Abraham.

Y esos relatos se fundamentan en una importante promesa divina, que introduce elementos de esperanza y futuro para Abraham, su familia y la humanidad: Abraham (Gn 12:1–20:18), Isaac (Gn 21:1–28:9), Jacob (Gn 28:10–36:43) y José (Gn 37:1–50:26).

Las narraciones bíblicas de los patriarcas inauguran una nueva era en las relaciones de Dios con la humanidad. Luego de la revelación del poder de Dios en la creación, de la manifestación de las desobediencias humanas, y de la posterior serie de respuestas divinas, inicia una etapa novel de las relaciones del Señor con las personas y los pueblos.

Y esas dinámicas se fundamentan en una extraordinaria promesa a Abraham:

Bendeciré a los que te bendigan
y maldeciré a los que te maldigan;
¡por medio de ti serán bendecidas
todas las familias de la tierra! Génesis 12:3.

En efecto, con las narraciones de la vida de Abraham surgen las posibilidades de un futuro mejor para la humanidad.

En la historia inicial o primigenia de Génesis (Gn 1:1–11:32) se identifican tres manifestaciones claras del juicio divino, como respuesta a la desobediencia humana: Adán y Eva son expulsados del Edén (3:23-24), el diluvio destruye a la humanidad (Gn 6:1–9:29), y la confusión de los idiomas es el marco de referencia ideal para la incomunicación y el caos (Gn 11:1-9).

Además, en esa misma sección inicial de la Biblia, se distinguen cinco maldiciones asociadas con el pecado de la humanidad: la serpiente fue maldita y se identificó como enemiga de la mujer (Gn 3:14-15), la tierra también fue maldita (Gn 3:17), Caín fue maldito por el asesinato de su hermano (Gn 4:1-12), Canaán fue condenado a la servidumbre (Gn 9:25-27), y la confusión en los idiomas propiciaba la incomunicación en la humanidad (Gn 11:1-9).

Con el llamado de Abraham se dejan atrás las maldiciones y se inicia un capítulo nuevo en la historia de la salvación. Téraj o Taré, el padre de Abraham tomó la decisión de dejar la ciudad de Ur, que representaba la seguridad económica y el bienestar para su familia, además de proveer un marco de referencia impropio y politeísta. El viaje a Canaán comenzó en Harán, y aunque el relato bíblico menciona solo a cuatro personas, Teráj, Abraham, Lot y Saray, ellos representaban el resto de sus familiares, que debieron haberse unido a la caravana de salida, como es el caso de Nacor, su esposa e hijos (Gn 24:10). La familia extendida de Abraham era ciertamente un grupo considerablemente mayor.

Referente a Abraham, se ha pensado tradicionalmente que era nómada por el viaje que emprendió hacia Canaán. Sin embargo, una mejor comprensión del patriarca y su naturaleza personal, familiar y cultural, lo ubica como una persona sedentaria, que decidió, fundamentado en la revelación divina, moverse de una ciudad a otra, aunque el viaje era largo y complejo, y el movimiento de familiares y animales era un proyecto

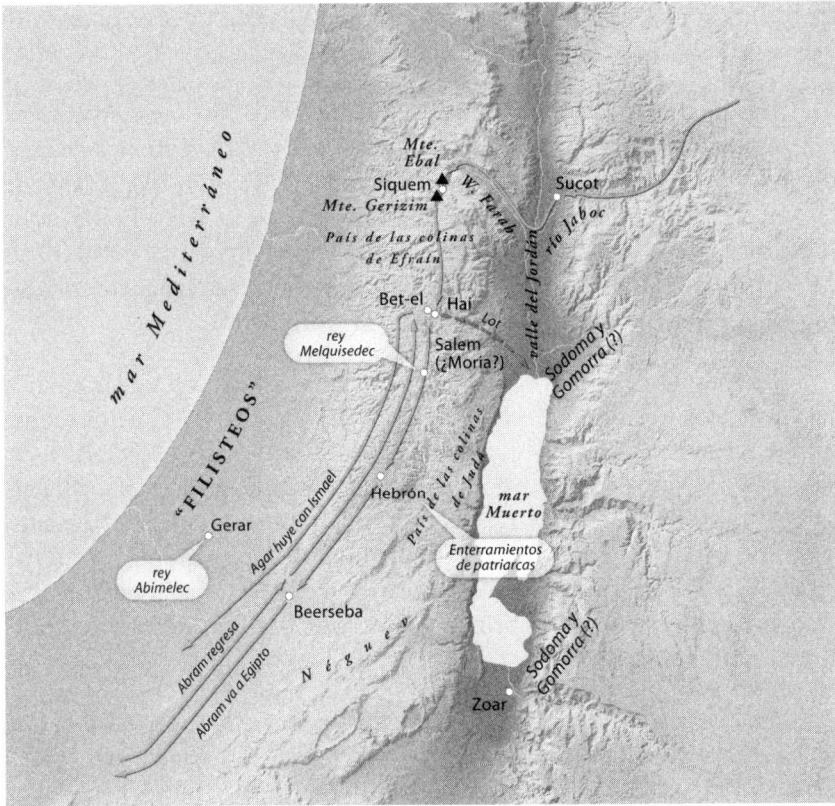

Abraham en Canaán.

complicado y difícil. La salida de Abraham fue a una nueva región, a un nuevo entorno geográfico, para comenzar una nueva vida, en un contexto religioso y espiritual diferente.

Con la salida de Ur, y posteriormente de Jarán, el patriarca se distanciaba de las tradiciones religiosas politeístas de esas ciudades. El viaje a Canaán era una forma de liberarse del culto a la luna. Esa decisión de salir de las tierras de sus antepasados permitió que Abraham comenzara una nueva etapa espiritual en su vida, relacionando a su familia con el Dios que lo había distinguido y llamado. Y de esa manera, se disminuían las influencias politeístas representadas en esas ciudades, en sus antepasados y en su familia inmediata.

Aunque el distanciamiento de Abraham con la ciudad de sus padres disminuía la presencia de las prácticas religiosas antiguas, no las eliminó por completo. Inclusive, la familia de Jacob llevó de Jarán a Betel representaciones de esas divinidades locales (Gn 35:2), pues esas convicciones estaban bien enraizadas en el pueblo y en la cultura.

Las prácticas religiosas politeístas antiguas fueron tan persistentes, que se mantuvieron vivas, aunque de manera disimulada, entre los descendientes de Abraham. El politeísmo antiguo que se vivió en las ciudades de Ur y Jarán, se manifestó con los años hasta en Siquem, bajo el liderato de Josué al llegar a Canaán (Jos 24:1-28). Inclusive, una de las narraciones de confrontación entre el Dios de Abraham y los dioses cananeos más famosa la vivió Elías en el monte Carmelo (1 R 18:20-46).

La vida de Abraham cambió de manera radical al salir de Ur y Jarán. Sus realidades económicas, familiares, sociales y espirituales fueron transformadas por un viaje al futuro de destino desconocido. La ruptura del patriarca con su pasado estuvo caracterizada por la fe, pues el conocimiento que tenía del Dios que lo había llamado era limitado. Posteriormente, en su peregrinar al porvenir, al lugar de la promesa divina y en ruta hacia Egipto, Dios se revela nuevamente al patriarca y no solo presenta sus mandamientos, sino que le brinda dos promesas adicionales de implicaciones extraordinarias.

La revelación y promesa divina incluía la posesión una tierra que se le iba a mostrar, además de convertir su descendencia en una nación grande. La palabra divina también incluía el reconocimiento público y la fama, además de convertirse en agente de bendición y de maldición: de bendición para quienes lo bendigan, y de maldición para quienes lo maldigan. Y como si fuera poco, a través de Abraham todas las familias de la tierra serán benditas, y ese detalle final hace que la promesa tenga implicaciones universales.

De acuerdo con el discurso de Esteban (Hch 7:2-4), Dios llamó a Abraham cuando aún estaba en Ur, y luego de la muerte de Téraj o Taré prosiguió su marcha hacia Canaán. El llamado divino no era a ir a cualquier lugar, de acuerdo con el testimonio de las Sagradas Escrituras. El patriarca fue llamado a ir específicamente a una tierra que Dios le iba a mostrar (Hch 7:3), y esa tierra no era Jarán o Harán. Y de esta forma Abraham es parte del grupo de personajes bíblicos que Dios comisiona para llevar a efecto tareas importantes, que tienen la intención precisa de bendecir y liberar a la humanidad.

Referente a esa salida de Ur de los caldeos, el sabio autor de la Carta a los Hebreos afirma:

Abraham, llamado por Dios,
obedeció la voz divina y salió de su ciudad,
sin saber a dónde se dirigía;
y ese acto de fe, lo dirigió para llegar a la tierra
que recibiría por herencia. Hebreos 11:8.

Y se destaca de esa forma la virtud asociada a la obediencia, se afirma la importancia de escuchar la voz divina con sensibilidad y respeto, y se pone de relieve que las personas que escuchan y obedecen la Palabra de Dios son bendecidas.

Capítulo uno
Abraham y la promesa divina

El Señor dijo a Abram:
"Deja tu tierra, tus parientes, la casa de tu padre
y ve a la tierra que te mostraré.
Haré de ti una nación grande y te bendeciré;
haré famoso tu nombre y serás una bendición.
Bendeciré a los que te bendigan
y maldeciré a los que te maldigan;
¡por medio de ti serán bendecidas todas las familias de la tierra!".
Abram partió, tal como el Señor se lo había ordenado, y Lot se fue con él.
Abram tenía setenta y cinco años cuando salió de Jarán.
Al encaminarse hacia la tierra de Canaán,
Abram se llevó a su esposa Saray,
a su sobrino Lot, a toda la gente que habían adquirido en Jarán
y todos los bienes que habían acumulado.
Salieron para la tierra de Canaán y allá llegaron.

Génesis 12:1-5

El pacto abrahámico

Luego de las narraciones de la creación y las primeras familias (Gn 1:1–11:26), el libro de Génesis (Gn 12:1–25:11) presenta la vida y las actividades de Abraham, y comienza con una muy importante afirmación teológica: la promesa divina al patriarca y a todas las familias de la tierra. Este primer relato (Gn 12:1-9) se fundamenta en una especial revelación divina, y pone un marco de referencia teológico singular no solo a las narraciones que se incluyen, sino a la historia de la salvación que comienza en el libro de Génesis. Y esa promesa divina tiene implicaciones espirituales de gran envergadura, no solo para el patriarca y sus familiares sino para toda la humanidad, pues describe el pacto de Dios con Abraham, también conocido como el pacto abrahámico.

La vida de Abraham, una vez sale con su familia de las ciudades de Ur y Jarán, se fundamenta en la palabra de Dios, en el pacto divino-humano. La primera declaración bíblica asociada directamente con el patriarca es que Dios le había hablado, y esa revelación tenía implicaciones personales, familiares, legales, sociales, culturales y geográficas. La historia bíblica comienza un nuevo capítulo, pues luego del cautiverio de la rebeldía, el pecado y la desobediencia (Gn 6:5), el Dios bíblico está decidido a formar una nación grande y un pueblo singular, que se convertirá en bendición para el resto de la humanidad.

El Señor ordena a Abraham salir de su tierra, dejar sus propiedades e infraestructura de seguridad familiar y fiscal, a una tierra nueva sin determinar, a un lugar distante y no identificado. La revelación inicial a Abraham demandaba una decisión muy seria, fundamentada en la fe en el Dios que le hablaba. Además, era una decisión complicada y desafiante: romper las relaciones con sus antepasados y parientes para ubicarse en una nueva ciudad, cuya ubicación precisa no era parte de esas instrucciones divinas iniciales.

La identificación del Dios que inicia el diálogo que culmina en la promesa y el pacto con Abraham es el Señor, que es representado tradicionalmente con el nombre Jehová o Yahvé. Ese Señor se revela con nombre propio, que en el libro de Éxodo se describe como "Yo soy el que soy" (Ex 3:14); una manera de afirmar que Dios es el mismo en el pasado, el presente y el futuro. Y ese nombre divino se relaciona con el verbo hebreo *hayah*, que transmite la idea de ser, existir o, inclusive, acontecer.

El Dios que se revela a Abraham es el que existe, el que se hace realidad en medio de las vivencias del pueblo. Ese nombre divino comunica un sentido de pertenencia y permanencia, pues es el Señor que estará siempre cerca de su pueblo, y en el caso del pacto abrahámico, estará junto al patriarca. Y de singular importancia, en el nombre del Dios que hace un pacto con Abraham, es que en la posterior revelación divina a Moisés se autoidentifica como "Dios de Abraham, de Isaac y de Jacob" (Ex 3:6) o "el Dios de sus antepasados" (Ex 3:13), que es una manera literaria de presentar la continuidad entre los patriarcas hebreos y el libertador judío.

Se desprende de la lectura de los relatos bíblicos que en la revelación a Abraham se manifiestan algunos atributos divinos. Por ejemplo, se pone de manifiesto la soberanía divina, que escoge a una persona de un ambiente politeísta para recibir una especial encomienda; además, se evidencia al Dios que garantiza el pacto y muestra su misericordia, no solo a Abraham sino a la humanidad. Esa divinidad, que llegó hasta Ur de los caldeos, es también justa, pues el producto de las bendiciones son más bendiciones, y el resultado de las maldiciones son más maldiciones. Y es el Señor de autoridad el que demanda obediencia de sus seguidores.

Las promesas de Dios

Al leer con detenimiento el llamado divino a Abraham, se identifican por lo menos ocho afirmaciones y promesas de importancia capital y gran pertinencia teológica (Gn 12:2-3). Y todas esas promesas que se incluyen y constituyen la esencia del pacto abrahámico, se incorporan en las narraciones bíblicas de los patriarcas de forma clara, continua y directa.

La tierra de la cual Abraham debía salir era Ur, pues era donde residía el patriarca antes de salir con su padre a la ciudad de Harán o Jarán. De ese lugar en específico, el patriarca debía partir a un lugar indeterminado que Dios le mostraría posteriormente. La impresión inicial de la dinámica de la revelación al patriarca es compleja. Consistía en abandonar sus familiares y las tierras que le daban sustento y seguridad económica, social, política, familiar y espiritual, para emprender un peregrinar al futuro sin sentido de dirección claro ni objetivo definido.

El marco de referencia inicial de las narraciones en torno a Abraham en el libro de Génesis, tienen la fe, la confianza en Dios y la esperanza en la voluntad divina como sus pilares básicos. Esos elementos serán factores distintivos en la vida del patriarca y en los relatos que presentan sus actividades y decisiones. Y esa estructura básica de revelación divina, donde la fe juega un papel fundamental, caracterizan las narraciones bíblicas que tienen al patriarca como principal protagonista.

Para comenzar el pacto, Dios indica a Abraham que, aunque su viaje al futuro inicia de manera modesta, con solo sus familiares inmediatos, el resultado de ese acto de obediencia será una nación grande y poderosa. La primera bendición divina al patriarca es personal, pues su obediencia a Dios es el inicio del aprecio de su nombre —que es una manera literaria de indicar que será una persona reconocida y distinguida. Y ese aprecio personal tiene implicaciones nacionales, pues los descendientes del patriarca constituirán una nación grande, que alude no solo a detalles numéricos de la población, sino del buen reconocimiento y distinción internacional.

Esas dinámicas personales y nacionales, que fueron resultados de la obediencia del patriarca, también tienen repercusiones que sobrepasan los límites de la nación, el idioma y la cultura. Una de las implicaciones inmediatas de la bendición divina a Abraham es que todas las familias de la tierra serán bendecidas a través de él. La noble actitud de obediencia a Dios y fidelidad a la revelación divina del patriarca propició la bendición personal, familiar, nacional e internacional. Y por su firme deseo de ser obediente y fiel a la palabra del Señor, Abraham se convirtió en el padre de la fe y en un buen modelo para los creyentes (Rm 4:11-12; Hb 11:8-10).

De singular importancia, en el texto bíblico que presenta el pacto abrahámico, es el reiterado uso de las palabras asociadas con la idea de "bendición". En solo dos versículos (Gn 12:2-3), son cinco las referencias directas a las "bendiciones" divinas. Las bendiciones prometidas a Abraham tienen la finalidad clara y certera de convertirse en el poder y la virtud requeridas para eliminar y destruir las maldiciones que el pecado y las desobediencias trajeron a la humanidad (Gn 3:17; 4:11; 5:29; 8:21; 9:25).

Esa bendición al patriarca tiene repercusiones positivas y liberadoras para Abraham, su familia, el posterior pueblo de Israel, ¡y llegará hasta todas las naciones o "todas las familias de la tierra"! Desde los inicios mismos de la historia bíblica se afirma, con claridad, y se reitera que el plan divino de redención tiene implicaciones globales y universales. La redención que Dios presenta a individuos y naciones no está cautiva en periodos históricos, naciones o regiones. El Señor de la Biblia, que se reveló a Abraham y que también estableció un pacto con el patriarca, está comprometido en bendecir a las personas y naciones, que es una forma de afirmar la universalidad de la gracia, el poder y la salvación de Dios (Gn 12:3).

En el hebreo bíblico, la palabra "bendición", o *berakhah*, es muy importante. El término proviene de la raíz *barakh*, que significa "bendecir".

En el contexto bíblico, la expresión tiene significados profundos, que abarcan varios aspectos indispensables de la existencia humana, además de incluir componentes lingüísticos y teológicos que brindan nuevos niveles de sentido a la promesa divina.

En muchos pasajes, la palabra "bendición" se asocia, por ejemplo, con la provisión material, la fertilidad, la abundancia de bienes y el bienestar general. También implica la presencia y el favor de Dios. No es solo un acto de otorgar bienes materiales, sino que lleva consigo la idea de que el Señor está con los individuos y el pueblo, guiándolos, ayudándolos y protegiéndolos.

En la bendición sacerdotal se pide que Dios haga "resplandecer su rostro" sobre la persona, que es un buen símbolo del favor y cercanía divinas (Nm 6:24-26). Además, el concepto de "bendición" incluye la idea de que una persona, un grupo, o una nación reciben de Dios la autoridad, el poder y la capacidad para prosperar en todas las áreas de la vida, ya sea en la dimensión familiar, en los ambientes laborales, o en medio de la sociedad.

Ser "bendecido" también incluye responsabilidades. En el caso de Abraham, la "bendición" que recibe está íntimamente vinculada a su responsabilidad de ser "bendición para todas las naciones" (Gn 12:3). Esta dinámica refleja la idea de que la bendición no es solo para el beneficio personal, sino que debe extenderse a otros. Y este detalle teológico es el fundamento para la tarea extraordinaria, que se incluye en las Sagradas Escrituras, de presentar a la humanidad —independientemente de las culturas, los tiempos y las geografías— la revelación divina que tiene la capacidad de transformar y bendecir a los pueblos.

La "bendición" en el hebreo bíblico es mucho más que un deseo de bienestar o una expresión de bondad y gratitud. Se trata de un acto profundamente espiritual y relacional que conecta directamente al ser humano con Dios. Las "bendiciones" son recordatorios del pacto entre Dios y su pueblo, y también una manera de transmitir su presencia, esencia y favor.

Recibir una "bendición" en el contexto bíblico, además, implica vivir de acuerdo con los mandamientos y propósitos de Dios, ya que esas "bendiciones" suelen estar condicionadas al cumplimiento de la voluntad divina. Y las "bendiciones" también tienen un aspecto comunitario, pues en muchos casos esas acciones divinas —sobre personas o pueblos— tienen repercusiones en la sociedad o las naciones circundantes.

Los temas de las bendiciones y las promesas divinas juegan un papel teológico de gran importancia, no solo en los relatos del patriarca Abraham que se incluyen en el libro de Génesis, sino en el resto de las Sagradas Escrituras. Y la implicación fundamental de estas afirmaciones teológicas y adelantos proféticos de la voluntad divina, es que el Dios bíblico no solo promete, sino que está comprometido con el cumplimiento de esos especiales anuncios.

Entre los temas que se incorporan en la tradición de promesas divinas se encuentran los siguientes:

- El tema de la tierra prometida es determinante, pues el Señor promete a los israelitas sacarlos de la esclavitud de Egipto y llevarlos a "la tierra que fluye leche y miel" (Ex 3:17). Y esta promesa se cumple en los días de Josué, que llevó a los israelitas a Canaán, "la tierra prometida" (Jos 1:1–12:24).
- Posteriormente, el profeta Isaías anuncia el nacimiento de un niño (Is 9.6-7) que tendría la capacidad y el compromiso de establecer un reino de justicia y paz que, para las iglesias, es una referencia directa al nacimiento de Jesús (Mt 1:18-25; Lc 2:1-7).
- Jeremías anunció y prometió un nuevo pacto con el pueblo, donde la Ley sería escrita en los corazones (Jr 31:31-34). La fe cristiana afirma que ese nuevo pacto se hace realidad en la vida, ministerio y resurrección de Jesucristo.
- Joel profetiza y promete el derramamiento del Espíritu Santo sobre toda carne (Jl 2:28-29), anuncio que se cumple de manera destacada el día de Pentecostés (Hch 2:1-13).
- Y, entre otras, la promesa de la vida eterna no debe subvalorarse (Jn 2.25), pues incluye el corazón del mensaje de la iglesia, y se cumple en el sacrificio del Señor. Esta promesa divina supera las comprensiones humanas de tiempo, espacio, historia, cultura, idioma, edades, etnias, regiones, ideologías...

Asociado al término "bendición" se incorpora en el pacto abrahámico el término "maldición", que representa lo contrario a las intenciones divinas de bondad, apoyo y acompañamiento divino. "Maldecir" era una manera de desear el mal a alguna persona o pueblo; consistía en anhelar que las calamidades y los problemas de la vida se hagan realidad en la vida de las personas o los pueblos "malditos".

En la Biblia, la "maldición" se refiere a un estado o condición en la que una persona, grupo o, incluso, la tierra misma, se encuentra bajo la desaprobación o el juicio de Dios. La palabra "maldición" en hebreo es *qe-lalah*, que se deriva de la raíz *qalal*, que significa "ser ligero o insignificante", y en su forma intensiva es una manera de despreciar, subestimar o disminuir a alguien o algo.

En las narraciones bíblicas, las maldiciones son frecuentemente asociadas a las consecuencias del pecado o el resultado de la desobediencia a Dios (Dt 28:1-14, 15-68). También la expresión puede ser entendida como la retirada de la bendición divina (Gn 3:16-19). Referente a este singular tema, debemos entender que las palabras en la tradición bíblica tienen un poder significativo. Y las maldiciones pronunciadas por personas, especialmente aquellas en posiciones de autoridad o con un vínculo especial con Dios, se consideraban poderosas y efectivas (Gn 9:25).

Las maldiciones también actúan como instrumentos del juicio divino. Dios mismo pronuncia maldiciones como una forma de castigar la injusticia y la idolatría, o para cumplir su justicia, como se ve en la maldición sobre la serpiente en el Jardín del Edén (Gn 3:14). En los mensajes de los profetas, que anuncian juicio sobre las naciones o el pueblo de Israel, se incluyen maldiciones, que son formas de corresponder al pueblo sus actos impropios, pecados o desobediencias a la revelación o la voluntad de Dios (Is 13:1–23:18; Jr 46:1–51:64; Ez 25:1–32:32; Am 1:1–2:16).

En la Biblia, las maldiciones pueden representar la gravedad de estar en un estado de alejamiento de Dios o bajo el juicio divino. Reflejan la relación directa entre la conducta humana y la respuesta divina. Mientras que las bendiciones fortalecen las cercanías y la intimidad con Dios, y traen vida, prosperidad y paz; las maldiciones demuestran las consecuencias de la rebelión, el pecado y la idolatría, llevando a la muerte, la ruina y el sufrimiento.

Referente al tema de las maldiciones, no debemos perder de vista que las Sagradas Escrituras también presentan buenas posibilidades de redención y restauración. A través del arrepentimiento humano y la misericordia divina, las maldiciones pueden ser revertidas, lo cual se ve en muchas narrativas bíblicas, donde el Dios de paz y amor restaura a personas y naciones que, con humildad y sentido de arrepentimiento, solicitan misericordia y perdón divino.

De singular importancia teológica y sicológica es el hecho de que, en el Nuevo Testamento, se afirma con seguridad que Jesús se convirtió en "maldición" por la humanidad, para liberar al mundo del poder y las consecuencias del pecado (Gl 3:13). Y esa gran declaración indica que en

Cristo la humanidad encuentra el poder y la autoridad para la superación y liberación de todas las maldiciones.

La lectura pausada del pacto abrahámico también descubre que las promesas divinas incluidas son incondicionales. Esa peculiaridad teológica, espiritual y legal se pone en clara evidencia al identificar las formas verbales del pacto: "Haré de ti una nación grande, te bendeciré, te haré famoso, bendeciré a quienes te bendigan, y maldeciré a quienes te maldigan".

Esas afirmaciones divinas son precisas, claras y directas, y no incluyen responsabilidad humana alguna. Para culminar esa serie de declaraciones de esperanza, el pacto finaliza con la especial promesa en la que Dios, por medio de Abraham, bendecirá a todas las familias de la tierra. Y esa afirmación revela un componente de bondad divina a todas las naciones, y revela la internacionalización de la bendición y revelación de Dios.

El acto de convertir a los descendientes de Abraham en "una nación grande" es una promesa que se relaciona en las narraciones bíblicas con el pueblo de Israel. Y al analizar con sobriedad este anuncio divino, posteriormente se afirma que fue un claro acto de misericordia divina, para que Israel transmitiera la revelación de Dios no solo en el contexto del nacimiento del Mesías, sino en la proclamación de la salvación y liberación a las naciones (Is 43:11-12, 21; Jn 4:22; Rm 3:1-2).

Las promesas hechas a Abraham constituyen un tipo de vector teológico que se incorpora, afirma y reitera en el libro de Génesis. Esa singular afirmación divina se va a confirmar en diversas narraciones bíblicas con dos de sus componentes prioritarios: que el patriarca tendría una descendencia numerosa (Gn 13:16; 15:5; 17:6; 22:17-18; 26:4; 28:14); además, que esa descendencia poseería la tierra a la que Abraham y su familia llegaron y vivieron inicialmente como extranjeros (Gn 15:18-21; 26:3; 28:15; 50:24). Y esas declaraciones teológicas e históricas van a servir de marco de referencia para la vida y las labores de Moisés y Josué en el resto del Pentateuco.

Un detalle singular en el pacto es la referencia de hacer famoso el nombre de Abraham, que es una manera de indicar un tipo especial de aprecio en la historia. Y en torno a este singular tema es importante tomar en consideración que el patriarca Abraham es reconocido por las tres religiones monoteístas más importantes del mundo: el judaísmo, el cristianismo y el islam.

Abraham sale de Ur y Harán

La lectura del relato bíblico que prosigue a la narración del pacto abrahámico contiene detalles con implicaciones no solo teológicas e históricas, sino geográficas. Abraham obedeció el mandato divino que revela una actitud personal diferente a las formas de actuar de Adán y Eva, la generación de Noé, y los constructores de la torre de Babel. Esa primera afirmación en el texto bíblico pone claramente en evidencia una nueva hora en la historia de los patriarcas y también en la teología bíblica, en donde la obediencia y la fidelidad a Dios juegan un papel protagónico.

Abraham salió de la tierra de sus antepasados para comenzar un nuevo proyecto de vida. Su decisión de dejar atrás su espacio vital y su historia familiar, para emprender un peregrinar de fe al porvenir, impresionó positivamente a sus familiares. Se unieron al viaje su esposa, Saraí, y su sobrino, Lot. Además de sus familiares inmediatos, se incorporaron al novel proyecto del patriarca personas que se habían unido a su familia en la ciudad de Jarán, que posiblemente cumplían diferentes responsabilidades en la infraestructura laboral interna.

En el momento de su salida de Jarán o Harán el patriarca tenía setenta y cinco años, que es una edad avanzada para emprender este tipo de proyectos y viajes como el que se describe en la Biblia. Posiblemente, el texto desea destacar el poder divino en el proyecto. Y, de esta manera, se incorpora en los relatos patriarcales un singular elemento místico, de misterio y milagro, que ciertamente caracteriza las intervenciones divinas.

El viaje de Abraham tenía como meta una región específica, Canaán, pero carecía de la identificación precisa del destino. De acuerdo con la narración bíblica, salieron de sus tierras en Ur y Jarán a Canaán y, finalmente, llegaron a esa región. Al comienzo mismo del singular peregrinar al futuro del patriarca, el texto bíblico afirma, sin ambigüedades ni dilación que, fundamentado en la obediencia, determinación y perseverancia, logró su propósito (Gn 12:5). Y, de esa manera, la narración bíblica destaca esos valores espirituales y los relaciona directamente con el proyecto y viaje del patriarca.

En el proceso, Abraham y su familia llegaron a Siquem o Siquén, que se identifica en el relato como el lugar donde se encontraba un gran árbol de Moré (Gn 12:6). Siquem era una antigua ciudad cananea situada entre los montes de Ebal y Gerizim (Dt 11:29-30), que constituía un importante bastión religioso, político y económico antes de la conquista de los israelitas. La referencia al "gran árbol de Moré", posiblemente, alude a un árbol —o más bien a un bosque pequeño— que era utilizado por los antiguos cananeos como centro de culto. Y hay estudiosos que piensan que ese "gran árbol" es el mismo al cual se alude posteriormente en el libro de los Jueces como "la Encina de los Adivinos" (Jc 9:37).

El viaje de Jarán a Canaán en caravana, de unos 32 km por día, posiblemente se hacía como en un mes, pues es una distancia de por lo menos ochocientos kilómetros. Tanto la ciudad de Siquem como la de Betel, que estaban localizadas en la región montañosa cananea, tradicionalmente eran consideradas como lugares de descanso. Sin embargo, posteriormente en la historia del pueblo de Israel, ambas ciudades se convirtieron en lugares de gran importancia religiosa y espiritual (Jos 24:1-28; Gn 35:1-15).

Una vez más, en la ciudad de Siquem, Dios se aparece a Abraham y le repite su promesa: "Yo daré esta tierra a tu descendencia" (Gn 12:7), que reitera el compromiso divino con el patriarca. Como respuesta a la nueva revelación divina, Abraham levantó un altar en ese lugar, para invocar el nombre del Señor. Y este relato es muy importante desde la perspectiva teológica, pues claramente presenta la internacionalización del Dios de Abraham que no estaba cautivo en un espacio geográfico, sino que tenía la capacidad de dialogar y revelar su palabra en diversos lugares del mundo, tanto en Ur como en Canaán.

Posteriormente, Abraham prosiguió su camino hacia la región montañosa que está al este de Betel y al oeste a Hai. El nombre de la primera ciudad significa "casa de dios" (Gn 28:19), pues era otro centro religioso de importancia en la sociedad cananea. La ubicación de Betel es al norte de Jerusalén, a unos quince kilómetros, y su importancia en la comunidad se pone en evidencia al descubrir que en ese lugar se había construido uno de los santuarios más importantes del reino del norte, en Israel (1 R 12:28; Am 7:13). Y la ciudad de Hai estaba a unos ocho kilómetros de Betel.

En medio de ese contexto politeísta, Abraham sacó tiempo para hacer un altar a Dios que era signo de reconocimiento público de que quien lo había comisionado para llegar a esa región había sido el Señor. De esa forma, el texto bíblico destaca que la obediencia de Abraham estaba unida a un reconocimiento de la autoridad divina, que se manifestaba en la adoración al Dios que lo había llamado en los diversos lugares a los que llegaba.

Ese acto de humildad y obediencia de Abraham permitió que el patriarca llegara a la región desértica del Néguev, al suroeste del mar

Muerto. La precipitación pluvial en la región era mínima —de unos dos centímetros de agua al sur del Néguev hasta unos ocho centímetros al norte. Los estudiosos piensan que, en la época patriarcal, como se ha descubierto que en la región habitaban diversos pueblos, se podían encontrar medios de vida para las personas y los animales.

El texto hebreo destaca que Abraham no llegó de una vez al Néguev, sino por etapas, y utiliza una expresión visual significativa: avanzó "poco a poco", o "yendo y sacando estacas", que es una forma hebrea de describir visual y físicamente el complicado proceso que incluía bastantes esfuerzos humanos. Llegar a los lugares a los que Dios lo había llamado, requirió que Abraham invirtiera energías físicas, emocionales y espirituales.

Llegada a Egipto

La sección que presenta la llegada y estancia de Abraham en Egipto está fundamentada en dos componentes básicos e importantes: había crisis en la región del Néguev por el hambre y la sequía, y la mentira de Abraham referente a su esposa, pues pensaba que esa decisión le podía convenir en esas nuevas tierras. Movido por la hambruna, el patriarca se traslada a Egipto; y motivado por el temor, fundamenta su estancia en ese país, en una falsedad.

El texto bíblico presenta las diferencias climatológicas entre Canaán y Egipto. En las regiones cananeas, los cambios climáticos incluyen tiempos prolongados de sequía (Gn 26:1; 43:1; 47:4; Rt 1:1; 2 R 4:38) que afectaban adversamente la agricultura y la vida en las ciudades. Por su parte, las condiciones del tiempo en Egipto propician una agricultura estable y floreciente, pues las crecidas del río Nilo optimizaban los campos de cultivo y favorecían la agricultura.

Referente a estas peculiaridades agrícolas y de inmigración, que se desprenden del texto bíblico y del estudio climático, varios documentos egipcios antiguos corroboran esa realidad. En momentos de crisis en las regiones cananeas, sus pobladores viajaban a Egipto para comprar trigo y, en algunos casos, las familias de inmigrantes se quedaban como refugiados (Gn 47:3-4).

Los detalles asociados a la aparente conveniencia de la mentira de Abraham en torno a su esposa son importantes. El patriarca, antes de entrar a Egipto, y demostrando preocupación por su seguridad personal y reconociendo la belleza de Saray, decidió mentir y presentar a su bella esposa como hermana. Esa patraña, pensaba el patriarca, podía salvarle la vida.

Es interesante notar el fundamento de la preocupación de Abraham: "Por favor, di que eres mi hermana para que gracias a ti me vaya bien y me dejen con vida" (Gn 12:13). ¡La preocupación primordial del patriarca era su vida, no la seguridad ni la dignidad de su esposa! El desafío internacional que veía el patriarca en Egipto era que podía ser asesinado para que el monarca se quedasen con su esposa. No estaba preocupado Abraham por la vida y la seguridad de Sara.

La narración es importante por varias razones. En primer lugar, revela las dinámicas de autoridad de los monarcas egipcios, que entendían que podían tomar las mujeres hermosas que llegaran a sus tierras sin inhibiciones. Además, se pone de relieve al valor de la mujer en esa cultura, que era vista como objeto de conveniencia diplomática nacional e internacional. También el relato muestra el corazón de Abraham referente a su esposa y las mujeres. Y, finalmente, se manifiesta la voluntad de Dios al hacer justicia a Sara y a la mujer en general, y proseguir con los planes divinos independientemente de los errores, las limitaciones y los desaciertos de Abraham.

Las tendencias a identificar las esposas como hermanas no se incluyen únicamente en los relatos asociados con Abraham. Como parte de otras narraciones patriarcales, se alude nuevamente a esa dinámica de esposas-hermanas (Gn 12:13-20; 20:2-14; 26:1-10). El texto bíblico, para explicar la actitud de Abraham y la comprensión del estado de la mujer, indica que Sara, además de esposa, era también medio-hermana de Abraham, pues era hija de su padre y de otra madre (Gn 20:11-13). Y referente a esta singular relación familiar, donde las esposas eran también hermanas, es importante indicar que, en ese período histórico de la antigüedad, no eran inusuales estos tipos de matrimonios, pues las leyes no tenían los componentes éticos y morales que se incluyen en la actualidad.

Un componente adicional de la dinámica de esposas y hermanas en la antigüedad es que existían pueblos, como es el caso de la ciudad de Harán, donde los esposos, como parte de las ceremonias nupciales, tenían la costumbre de "adoptar" sus esposas como hermanas. Esa dinámica tenía el propósito legal de conferir una serie de privilegios especiales, por ejemplo, el poder recibir la herencia del esposo y su familia.

De importancia capital al leer estas narraciones es notar la intención del patriarca y el concepto que tenía de la mujer. Abraham estaba prioritariamente preocupado por su bienestar y por su seguridad personal, no le interesó la vida de su esposa ni las implicaciones que tendría el descubrimiento de la verdad. Y esa personal actitud impropia contrasta con la revelación divina, de acuerdo con las Sagradas Escrituras, que honra no solo a Sara, sino a otras mujeres en la historia de la salvación.

Referente a las mujeres, se debe destacar que algunas fueron figuras claves en las historias bíblicas. Entre esas mujeres se pueden destacar las siguientes: Eva, la primera mujer en la creación de Dios (Gn 2:1-25), que tenía juicio decisional e iniciativa; Sara, que fue la esposa de Abraham, madre de Isaac y matriarca del pueblo de Israel (Gn 18:1-15); Miriam, la hermana de Moisés (Ex 15:20-21), que lidera a un grupo de mujeres para cantar al Dios de la liberación de Egipto; Débora, que fue líder nacional, jueza y profetiza (Jc 4:1-24) y; Ester, que con sus acciones salvó al pueblo de Israel en una crisis mayor en Persia (Est 2:19-23).

En el Nuevo Testamento la afirmación de las mujeres continúa. Algunos buenos ejemplos son los siguientes: María la madre de Jesús, que se convierte en parte del plan de salvación de la humanidad al convertirse en la progenitora del Mesías (Mt 1:18-25; Lc 2:1-7) y María Magdalena, que recibió el primer mensaje de la resurrección de Cristo (Mt 28:1-18; Mc 16:1-8; Lc 24:1-12; Jn 20:1-10). Y esa tendencia teológica continúa en la teología de Pablo, pues esa afirmación de igualdad llega a niveles óptimos cuando el sabio apóstol afirma que en Cristo las diferencias entre los hombres y las mujeres se superaron (Gl 8:28).

Un detalle importante en las narraciones bíblicas es que no esconde los defectos, las imperfecciones ni los errores de sus protagonistas. Referente a Abraham, por ejemplo, se habla de sus dificultades con la verdad y la mentira (Gn 12:10-13) y; posteriormente, el texto sagrado incluye la traición de David a un amigo (2 S 11:1-27). En el Nuevo Testamento se incluyen la negación de Pedro (Mt 26:69-75; Mc 14:53-65; Lc 22:54, 63-71; Jn 18:12-14, 19-24), y las dificultades personales de Pablo (2 Co 12:7-10). En efecto, los personajes bíblicos no son perfectos, y esos detalles de debilidad son el marco de referencia para que se revele el poder y la misericordia divina.

El texto bíblico prosigue relatando las experiencias de Abraham en Egipto. En efecto, las preocupaciones del patriarca se hicieron realidad; los oficiales del reino, al conocer que Sara era hermana de Abraham y muy hermosa, fueron con la noticia a la corte, y posteriormente la llevaron ante el faraón. Y el faraón tomó a Sara por esposa, y premió a Abraham con ovejas, vacas, esclavos, asnos y camellos.

La conveniente mentira del patriarca inicialmente generó algunas consecuencias positivas. Sin embargo, cuando se descubrió la verdad, el faraón los expulsó de Egipto. Por las acciones del faraón con Sara, se manifestó el juicio divino al faraón y a su familia, pues los azotaron varias plagas. El relato bíblico no especifica cómo el faraón descubrió que el problema de las plagas estaba asociado a la mentira de Abraham.

Como respuesta a las calamidades, el faraón sacó a Abraham de Egipto, pues la mentira del patriarca puso en riesgo la vida del monarca y desafió la estabilidad de su imperio. Finalmente, el resultado de la mentira fue su expulsión de Egipto, que era el lugar en el que buscó refugio en la crisis de Canaán y donde, por la gentileza oficial, había prosperado económicamente.

La expulsión de Abraham de Egipto revela varios detalles teológicos y personales que no deben obviarse. En primer lugar, la mentira del patriarca en momentos de crisis y desafíos pone claramente de manifiesto su verdadera naturaleza humana: era una persona con debilidades éticas y dificultades morales. Además, el viaje a Canaán del patriarca, de acuerdo con las narraciones bíblicas, es fruto de la iniciativa y la misericordia divina, no el resultado de las bondades o virtudes del personaje bíblico.

Un Faraón triunfante sobre sus enemigos.

Esa singular dinámica de imperfección humana y misericordia divina es un elemento constante en las narraciones patriarcales, y también aparece en el resto de la Biblia. Pero, aunque las deviaciones y los pecados de las personas son un problema serio en las Escrituras, es importante reconocer que las imperfecciones humanas no tienen el poder ni la capacidad de detener los planes de Dios para la humanidad en medio de la historia.

Abraham sale de Egipto con todos los bienes que había recibido en la corte del faraón. Y quizá, en el entorno de esta salida, pudo haber estado Agar, que posteriormente se convirtió en sierva de Sara, y que con el tiempo fue causa de una serie de dificultades familiares (Gn 16:1).

Los primeros relatos de la vida de Abraham presentan dos episodios fundamentales. En primer lugar, la Biblia describe las promesas de Dios al patriarca, y afirma la importancia histórica y teológica del pacto abrahámico. El corazón de esa revelación divina es que Abraham recibiría bendiciones personales, familiares, nacionales e internacionales (Gn 12:1-9). Y, además, se incluyen en la Biblia, al comienzo mismo de esos relatos patriarcales, las vicisitudes y los desafíos que enfrentaron Abraham y sus familiares, como respuesta a las crisis en Canaán, que lo llevaron a proseguir su viaje hasta Egipto.

Al analizar el marco general de la vida de Abraham se pueden distinguir varios detalles personales y algunas afirmaciones teológicas de importancia. Las narraciones en torno al patriarca presentan su sentido de obediencia a Dios, además de sus debilidades personales. De forma continua y reiterada se requiere del patriarca obediencia y fidelidad, valores que guían primeramente las narraciones de la vida de Abraham y que, posteriormente, también se requieren de sus hijos y herederos.

El marco de referencia general de todos esos relatos patriarcales, además, es el gran poder divino, que tiene la capacidad y la voluntad de revelar su deseo de bendecir individuos y naciones. El Dios de Abraham está comprometido con el bienestar de las personas y los pueblos que viven a la altura de los valores que se desprenden del pacto que le da al patriarca sentido de dirección en la vida.

Capítulo dos
Abraham y Lot

Abram subió de Egipto con su esposa,
con Lot y con todos sus bienes,
en dirección a la región del Néguev.
Abram se había hecho muy rico en ganado, plata y oro.
Desde el Néguev, Abram fue de lugar en lugar hasta regresar
al lugar donde había acampado al principio, entre Betel y Hai.
En ese lugar había erigido antes un altar;
allí invocó Abram el nombre del Señor.
También Lot, que iba acompañando a Abram,
tenía ovejas, vacas y tiendas de campaña.
La región donde estaban
no daba abasto para mantener a los dos
porque tenían muchas posesiones como para vivir juntos.
Por eso comenzaron los pleitos
entre los pastores de los rebaños de Abram
y los que cuidaban los ganados de Lot.
En aquel tiempo los cananeos
y los ferezeos también habitaban allí.

Génesis 13:1-7

La separación

Con la salida de Egipto, Abraham, Sara y su familia prosiguen el camino para llegar nuevamente a la región del Néguev. En esta ocasión, sin embargo, el patriarca salía de las tierras faraónicas con muchas riquezas que se fundamentaban en el oro y la plata, y también en el ganado que tenían. Su finalidad era llegar al mismo lugar donde previamente había acampado en su viaje a Egipto, entre las ciudades de Betel y Hai.

Referente al lugar donde se dirigía Abraham es importante recordar que ya el patriarca había erigido un altar, que era una forma de declarar que era un espacio identificable y seguro para su caravana. Y su primera decisión al llegar fue de invocar el nombre del Señor para agradecer la salida de Egipto, la prosperidad que vivía y la llegada a un lugar seguro donde podía comunicarse con Dios en el altar en el que previamente había invocado el nombre del Señor.

Esa descripción de las riquezas y los ambientes de seguridad se convirtieron en focos de tensión en la familia. Tanto Abraham como su sobrino, Lot, tenían tiendas, ovejas y vacas. Ambos poseían buenos recursos, pero las tierras a donde llegaron no tenían la infraestructura física suficiente para sostener a las dos familias con seguridad y prosperidad de manera efectiva. Las posesiones de cada uno eran lo suficientemente grandes como para afectar adversamente el desarrollo de los dos grupos en el mismo lugar. Y el espacio para mantener los ganados con salud y bienestar, donde también vivían otros grupos de cananeos y ferezeos, no era lo suficientemente amplio para mantener efectivamente a Abraham y Lot, con sus respectivos grupos familiares y animales, viviendo en armonía en el mismo espacio.

Sello cilíndrico que describe a un pastor conduciendo su rebaño de ovejas.

Ese fue el ambiente inmediato que generó la separación entre el patriarca y su sobrino. Los grupos de pastores de cada uno de ellos comenzaron a tener dificultades interpersonales y malas relaciones. Los pastores de los rebaños de Abraham y los que cuidaban los ganados de Lot se enfrentaron en varias disputas, pues no había espacio suficiente en el lugar que seleccionaron para vivir para mantener los animales de los dos grupos en bienestar y seguridad.

Los pastores se movían a diversos sectores del Néguev para buscar pastos y alimentos para los rebaños. Esos movimientos los llevaban a las cercanías de regiones de cultivo. Uno de los focos específicos de tensión era, posiblemente, el uso de los pozos de agua. Los altercados entre los pastores de Abraham y Lot eran el resultado de un espacio limitado para dos grupos grandes de rebaños de ovejas (Gn 26:19-21; Ex 2:16-19).

La lectura cuidadosa del relato bíblico revela que entre Abraham y Lot no había necesariamente dificultades. El problema real lo tenían los pastores de ambos líderes; es decir, el conflicto nacía en las relaciones de las personas que estaban en el campo representándolos y haciendo el trabajo diario. De singular importancia en estas dinámicas de confrontación es la intervención de un tercer sector en las relaciones familiares entre el patriarca y su sobrino. La prosperidad del patriarca y su sobrino fue el detonante del conflicto entre las personas que los apoyaban.

Una vez más la sabiduría y la generosidad de Abraham se ponen de relieve. En ese ambiente de tensión, en el cual abundaban las malas relaciones y los conflictos intrafamiliares, el patriarca propone una separación prudente, sobria y sabia. La solución al problema era un alejamiento responsable, un distanciamiento amistoso. Lot debía escoger primero a dónde deseaba moverse con su familia y posesiones; y fundamentado en la decisión del sobrino, Abraham proseguiría su vida, con su familia y ganado, en la dirección opuesta.

No hizo uso Abraham del derecho de escoger primero, como jefe de la familia extendida. El patriarca concede ese derecho familiar básico y esa responsabilidad cultural al sobrino como un acto de buena fe, seguridad personal y confianza en las promesas de Dios. De esa manera, en este relato, se presenta a un Abraham generoso, responsable y pacificador, dispuesto a bendecir a sus familiares, aun en momentos de crisis interpersonal y separación familiar. Y esa sabia decisión, provee el espacio necesario, prudente y pertinente para una posterior reconciliación saludable en el momento oportuno.

Lot escogió seguir el camino al valle del Jordán, que tenía buenas tierras y que, para destacar sus bondades, el texto bíblico lo compara con el jardín del Señor y a los terrenos fértiles de Egipto. Ese "gran jardín del Señor", puede ser una referencia indirecta al Huerto del Edén (Gn 2:8-14). El valle está al este y en las orillas del río Jordán, que desemboca en el mar Muerto. La ciudad de Zoar estaba ubicada al sur, en la misma región. Y la referencia a Sodoma y Gomorra es para destacar la belleza del valle y del lugar que había seleccionado Lot, antes de la destrucción de esas ciudades por el juicio divino (Gn 19:24); aunque de una vez presenta las posibles implicaciones nefastas de su decisión.

El resultado de la separación es que Lot se movió al oriente para vivir en las ciudades que estaban en el valle del Jordán, al este de la antigua ciudad de Jericó, y ubicó su casa de campaña cerca de la ciudad de Sodoma. Abraham, sin embargo, permaneció en Canaán, donde el Señor lo había llamado. Y esa decisión de fidelidad a la revelación divina prepara el camino para presentar el futuro inmediato de Lot, y también para ubicar a los descendientes del patriarca como parte de la voluntad divina.

En este mismo relato de las dinámicas entre el patriarca y su sobrino, se adelanta unos detalles éticos y morales de gran importancia espiritual en la decisión de Lot: los habitantes de Sodoma eran malvados, pues cometían pecados graves contra el Señor (Gn 13:13). Y de esa manera se ubica la separación de Abraham y Lot en un singular marco de referencia espiritual y social: mientras Abraham se mantuvo en la voluntad divina y permaneció en Canaán, Lot decidió mudarse a un ambiente de pecados graves contra el Señor.

Una vez la separación se llevó a efecto, Dios habla nuevamente al patriarca y reafirma la promesa inicial que se incluye en el pacto abrahámico. Las tierras que Abraham podía ver a su alrededor, es decir, al norte y al sur, y al este y al oeste, formarían parte de la herencia que el Señor le daría. Además, en este mismo ambiente de revelación divina, Dios recuerda que los descendientes del patriarca serán muchos, que compara con el polvo de la tierra, para destacar el elemento numérico de la promesa divina.

Al recibir la revelación, Abraham levantó su tienda de campaña y su mudó cerca de la antigua ciudad de Hebrón junto a un bosque de encinas de Mamré. Su primera decisión al llegar al bosque de encinas de Mamré fue construir un altar al Señor, en reconocimiento del favor divino. El relato destaca dos elementos fundamentales que caracterizan los movimientos y las decisiones del patriarca: obedeció la voluntad de Dios y agradeció la intervención divina por permitirle llegar y establecerse cerca de Hebrón.

La ciudad de Hebrón, una de las más antiguas en Canaán, está en medio de las montañas de Judá a unos treinta y seis kilómetros de Jerusalén, y ha estado habitada de forma ininterrumpida hasta el día de hoy. Los árabes, generalmente, la llaman *El Jalil*, para recordar a Abraham que es bien conocido en el Oriente Medio como "amigo de Dios" (2 Cr 20:7; Is 41:8; St 2:23). Y el bosque de encinas de Mamré, que estaba a unos tres kilómetros al norte de Hebrón, era posiblemente un lugar reconocido como sagrado por la comunidad (Gn 14:13; 18:1), asociado a un personaje arameo que era reconocido en el pueblo (Gn 14:13).

Una vez que Abraham y Lot resolvieron sus diferencias, y el sobrino se marchó al lugar que había seleccionado, Dios habla nuevamente al patriarca. Y en esta ocasión, el Señor reitera la promesa de la tierra (Gn 13:15) y reafirma el mensaje de la descendencia numerosa (Gn 13:16). En este contexto, y como un acto simbólico de aprecio a la voluntad divina, el patriarca debía alzar sus ojos para ver la extensión de terreno (Gn 13:14), además de recorrer la tierra —que era una representación figurada de tomar posesión y hacer realidad la promesa divina (Gn 13:17).

Implicaciones de las decisiones de Lot

La decisión de Lot, que de primera instancia parecía sabia y pertinente, con el pasar de los años, demostró no haber sido la mejor. Ese movimiento personal y familiar ubicó a Lot en medio de una comunidad llena de tensiones políticas, sociales, espirituales y militares. Lo que inicialmente aparentaba ser un buen movimiento al futuro, tanto personal como familiar, se convirtió en una pesadilla, pues la guerra que se avecinaba pondría en peligro no solo el bienestar de su familia y de sus posesiones, sino su propia vida.

De acuerdo con el testimonio bíblico esa región en las cercanías del mar Muerto, también identificado como mar Salado, fue el escenario inmediato de la guerra. El valle de Sidín, que alude a los alrededores de ese significativo mar, se convirtió en el centro geográfico de una guerra internacional. En esa conflagración bélica estaban los grupos de Sinar, que eran los babilónicos y sus aliados, y los pueblos que estaban en los alrededores del mar Muerto. Y la descripción bíblica identifica los pueblos que se unieron al esfuerzo militar que afectó adversa y gravemente a Lot.

Sinar es una referencia a Babilonia, específicamente a la región entre los ríos Éufrates y Tigris (Gn 10:10; 11:2); Elam estaba ubicada al este de Mesopotamia, en la actual Irán (Jr 49:34); Tidal es un líder heteo de Goyim, nombre que alude a las naciones en general; Bera y Birsa son líderes en Sodoma y Gomorra, aunque las palabras pueden mejor representar el mal y la maldad, que son formas de destacar la naturaleza pecaminosa de esas ciudades y; el nombre del rey de Bela, o Zoar, que estaba enclavada al sur del mar Muerto, no se menciona. Y los refaítas, zuzitas y emitas aluden a los antiguos pobladores de ciudades el este del río Jordán (Dt 2:10-12; 3:11).

El relato bíblico presenta la rebelión de cinco ciudades del sur que hicieron la guerra al rey babilónico que las oprimía desde el norte. El conflicto era entre dos grupos de comunidades que estaban organizadas como confederaciones de ciudades-estados tanto en Sinar o Babilonia, como en el sur, en los alrededores del mar Muerto, encabezadas por Sodoma y Gomorra. Y la narración escritural destaca que la opresión babilónica tenía doce años, que es una forma de poner en perspectiva la naturaleza de la crisis.

Algunos de los reyes involucrados en el conflicto, desde la perspectiva de las naciones del norte, fueron los siguientes: Amrafel (que significa, "la boca de Dios ha hablado"), monarca en Sinar o Babilonia; Arioc (que estaba en la ciudad de Elasar, al sur de Babilonia); el líder del grupo, Quedorlaómer (que significa "siervo de Lagamar", un dios elamita) que provenía de Elam, en Persia, al sur de Asiria y; Tidal (que posiblemente era el monarca de un grupo de tribus bárbaras del norte mesopotámico). Y estos reyes se organizaron en una estratégica alianza militar para llegar al valle del mar Muerto y hacer la guerra con los pueblos de esa región del sur.

A la invasión del norte respondieron un grupo de reyes y de comunidades del sur, encabezadas por las famosas ciudades de Sodoma y Gomorra. Y los pueblos atacados por el rey Quedorlaómer y sus aliados, fueron los siguientes: refaítas, que habitaban en Astarot Karnaim (Dt 1:4); zuzitas o zonzomeos, que se identifican como gigantes (Dt 2:20); emitas, también conocidos como "los terribles", eran de Moab (Dt 10:10-11); horeos, que habitaban en cuevas, provenientes de Edom; amalecitas, descendientes de Esaú (Gn 36:12); y amoreos, que ocupaban un extenso territorio, que iba desde las llanuras del sur cercanas al mar Muerto hasta el norte del Líbano, y en los tiempos bíblicos eran reconocidos como los habitantes más famosos de Canaán (Gn 15:21).

El relato bíblico de la guerra en la región del mar Muerto es resumido y sencillo. La finalidad es destacar el triunfo definitivo de los reyes

babilónicos, además de presentar el resultado del conflicto bélico con relación al sobrino de Abraham. En medio de ese escenario de guerra, derrota, destrucción y cautiverio, se articulan las implicaciones personales que
tuvieron las decisiones de Lot. El acto de separarse de Abraham, y tomar
la ruta que lo llevó a la región de las ciudades de Sodoma y Gomorra, tuvo
sus consecuencias. Y de acuerdo con el relato bíblico, en efecto, esa singular
decisión de Lot, que inicialmente parecía personalmente conveniente y fa-
miliarmente adecuada, se convirtió en una pesadilla individual y colectiva.

La descripción de la guerra no es extensa. Se llevó a efecto en el valle de Sidim, en las inmediaciones del mar Muerto. La expresión hebrea
de que en la región había "pozos y más pozos", enfatiza el gran número
de pozos de brea o asfalto que se encontraban en las inmediaciones de la
guerra. La palabra hebrea para describir la peculiaridad de los pozos es
kjmár, que es un tipo de sustancia oscura y blanda que se utilizaba en la
antigüedad como cemento o se usaba para cubrir e impermeabilizar objetos (Gn 11:3).

El resultado de la guerra fue la gran derrota de las ciudades asociadas a Sodoma y Gomorra. Algunos combatientes cayeron en los pozos y fallecieron y otros guerreros huyeron a los montes y, de esa manera,
salvaron sus vidas. Como producto inmediato de esa victoria militar, los
ejércitos babilónicos llegaron a las ciudades vencidas y las saquearon y tomaron los alimentos. Y, además, el texto bíblico afirma que, como Lot, el
sobrino de Abraham, habitaba en las cercanías de la ciudad de Sodoma, el
rey Quedorlaómer y sus monarcas aliados lo tomaron cautivo y lo llevaron
deportado al exilio junto a sus posesiones.

Esos detalles de la naturaleza de la guerra y la descripción de los resultados de la derrota tienen implicaciones teológicas de importancia en
la narración bíblica. El conflicto entre los pastores de Abraham y Lot, que
llevó a la separación del patriarca y su sobrino, no solo afectó las relaciones familiares, sino que fue el escenario para una crisis mayor que llevó a
un Lot derrotado y humillado al cautiverio en Babilonia. En última instancia, la separación de la familia de Abraham y la decisión del sobrino de
mover su grupo al valle del Jordán, no fue a largo plazo la mejor.

La liberación de Lot

Uno de los que habían escapado
informó todo esto a Abram el hebreo,

que estaba acampando junto al bosque de encinas de Mamré el amorreo.
Mamré era hermano de Escol y de Aner,
y estos eran aliados de Abram.
En cuanto Abram supo que su sobrino estaba cautivo,
convocó a trescientos dieciocho hombres adiestrados
que habían nacido en su casa, y persiguió a los invasores hasta Dan.
Durante la noche, Abram y sus siervos
desplegaron sus fuerzas y los derrotaron,
persiguiéndolos hasta Hobá,
que está al norte de Damasco.
Así recuperó todos los bienes
y también rescató a su sobrino Lot,
junto con sus posesiones, las mujeres y las demás personas.
Cuando Abram volvía de derrotar a Quedorlaómer
y a los reyes que estaban con él,
el rey de Sodoma salió a su encuentro en el valle de Save,
es decir, en el valle del Rey.
Y Melquisedec, rey de Salén, le ofreció pan y vino.
Melquisedec era sacerdote del Dios Altísimo.
Luego bendijo a Abram con estas palabras:
"¡Que el Dios Altísimo, Creador del cielo y de la tierra,
bendiga a Abram! ¡Bendito sea el Dios Altísimo,
que entregó en tus manos a tus enemigos!".
Entonces Abram le dio el diezmo de todo. Génesis 14:13-20.

La narración de este capítulo en la vida de Abraham está muy bien redactada. Además de presentar los acontecimientos con gracia y detalles, la intriga juega un papel protagónico. Uno de los combatientes que había escapado con vida de la guerra avisó al patriarca de lo que había sucedido con su sobrino (Gn 14:13): ¡Lo habían llevado cautivo a Babilonia como prisionero de guerra!

De acuerdo con el relato bíblico, Abraham estaba con Mamré acampando en el bosque de las encinas. El texto bíblico presenta expresamente al compañero de patriarca como amorreo, una de las comunidades cananeas antiguas más importantes, que es una manera de indicar el aprecio del patriarca en la comunidad y el reconocimiento que tenía entre los líderes cananeos. Abraham era más que un pastor nómada, era un militar entrenado con la capacidad de organizar y dirigir una guerra, hasta lograr la victoria. Inclusive, podía preparar una guerra de noche, como es el caso del conflicto para liberar a Lot.

Los hermanos y colaboradores de Mamré eran Escol y Aner, que también eran aliados de Abraham, hicieron algún tipo de alianza con el patriarca para que grupos de combatientes amorreos colaboraran en la liberación de Lot. Esos grupos militares eran muy poderosos. Y esos detalles de conveniencia política y militar revelan que Abraham era reconocido entre los amoreos como un líder político y militar de importancia o, inclusive, posiblemente, como rey.

El texto que presenta el incidente también incluye una referencia importante al patriarca, pues lo describe directamente como "hebreo", expresión que posteriormente va a identificar a los grupos que salieron con Moisés de Egipto (Ex 9:13). Y ese término, que puede interpretarse como "el que ha cruzado el río", es quizá una referencia directa al origen étnico de Abraham, que había salido del otro lado del río Éufrates en Mesopotamia para llegar posteriormente a Canaán, donde habitaban diversos grupos étnicos entre los que se encontraban los amoreos.

El término "hebreo" que aparece en el texto bíblico es de uso limitado en las Sagradas Escrituras. Las expresiones asociadas *apiru, hapiru o habiru*, designan a grupos generalmente nómadas o seminómadas, no integrados completamente en la sociedad. El significado preciso de la expresión dependía del contexto, pues podía referirse a comerciantes en caravanas o a refugiados, aunque también podía utilizarse para identificar de manera despectiva a bandidos o mercenarios. En efecto, la expresión "hebreo" tiene un origen sociológicamente complicado en la Biblia.

La respuesta de Abraham al cautiverio del sobrino no se hizo esperar. El patriarca no solo era un peregrino que llegó a Canaán amparado en las promesas divinas; además, era un líder político y militar. Como respuesta a las noticias de la guerra y al cautiverio de Lot, inmediatamente organizó un ejército de trescientos dieciocho hombres que eran parte de su familia extendida, y que también estaban adiestrados para la guerra.

Los combatientes de Abraham persiguieron a los ejércitos babilónicos hasta llegar a Dan, en el norte cananeo y, posteriormente, llegaron hasta el norte de Damasco, a la ciudad de Hobá, para finalizar la guerra y completar la victoria. Y el resultado de esas actividades militares del patriarca fue la liberación de Lot y la recuperación de sus pertenencias, que incluía a sus mujeres y otras personas que eran parte de su estructura de trabajo familiar.

Un detalle de importancia, que no debe pasar desapercibido en la narración, es que el grupo de Abraham consistía en únicamente trescientos dieciocho combatientes. Los ejércitos babilónicos eran mucho más numerosos, lo que revela su poder militar, y también provenían de diferentes regiones babilónicas, que puede ser una indicación de que eran los mejores soldados de sus respectivas ciudades. Eran cuatro reyes poderosos del este que asaltan a cinco reyes cananeos con menor preparación y capacidad bélica.

Sin embargo, la victoria del grupo abrahámico presupone la intervención divina e incluye una manifestación de la misericordia de Dios que viene para reiterar que la bendición del Señor se mantenía para el patriarca y su familia. Ese triunfo militar pone claramente de manifiesto el deseo divino de cumplir sus promesas a Abraham y a sus descendientes.

El rey de Salem, Melquisedec

El resultado de la victoria de Abraham y sus combatientes sobre el gran ejército babilónico fue de gran aprecio y reconocimiento en la comunidad. ¡El patriarca sale del conflicto como héroe nacional! Su triunfo extraordinario sobre el rey Quedorlaómer y sus aliados fue reconocido en las regiones cercanas al valle del mar Muerto. Y como respuesta a sus ejecutorias militares, los monarcas de la región rindieron honores al patriarca.

Los reconocimientos fueron varios. En primer lugar, el rey de Sodoma lo recibió en el valle del Rey, también conocido como Valle de Save. Además, el rey de Salén o Salem, que a la vez era sacerdote del Dios Altísimo, le ofreció "pan y vino", que era una manera de presentarle los elementos indispensables para la vida. Y referente a ese acto de Melquisedec, el Nuevo Testamento lo relaciona con la figura de Cristo que, ciertamente, es el sacerdote del nuevo pacto de Dios con la humanidad (Hb 5:6-10; 6:20; 7:1-28).

El valle del Rey debe haber estado cerca de Jerusalén y, posiblemente, es una referencia al valle del Cedrón. El nombre Salén o Salem alude a la ciudad de Jerusalén (Sal 76:2), que posteriormente en la historia sería conquistada por David para convertirla en la capital del reino unido, con las tribus del norte y del sur (2 S 5:6-16). Y Melquisedec, cuyo nombre significaba originalmente "Rey de justicia" o quizá "Sedec es rey", es una posible alusión a alguna divinidad antigua de Jerusalén conocida como "Sedec" y que, probablemente, estaba asociada al tema de la justicia.

La importancia teológica de Melquisedec no debe subestimarse. Este singular personaje en las narraciones bíblicas era rey y sacerdote, que es parte de las tradiciones de los antiguos monarcas en el Oriente Medio (2 S 6:13-14, 18; 1 R 8:14-15, 58). Este rey de Salem también es identificado como "rey de paz" (Hb 7:2), que ha sido uno de los fundamentos teológicos, exegéticos y hermenéuticos para relacionarlo directamente con el Mesías venidero.

El texto bíblico identifica a Melquisedec con el Dios Altísimo, en hebreo *El Elyón* (Gn 14:18), que es un detalle semántico de gran importancia teológica, pues la imagen de "muy alto o altísimo" se relaciona con lo poderoso, extraordinario, inigualable o espectacular. Posiblemente, ese Dios Altísimo era una de las divinidades de la antigua ciudad de Jerusalén antes de ser conquistada por David. De esta manera, el relato del encuentro entre Abraham y Melquisedec asocia el Dios del patriarca con la antigua divinidad jerosolimitana.

Esa identificación teológica, entre el Señor del patriarca y la divinidad del rey de Salem, es una manera de poner de manifiesto que, el Dios que llamó a Abraham desde la antigua ciudad de Ur de los caldeos, ya estaba presente en las nuevas tierras cananeas que formaban parte de las promesas de Dios y del pacto abrahámico. En efecto, la identificación de Jehová o Yahvé, el Dios de Abraham, con el Dios Altísimo de Melquisedec, es una forma de destacar que ambos líderes adoraban y servían al mismo Dios con diversos nombres. Y esa gran declaración teológica es un reconocimiento pleno de la universalidad del Dios bíblico, pues su poder no estaba cautivo en las limitaciones geográficas ni en las comprensiones humanas.

La respuesta de Abraham a la iniciativa de Melquisedec fue de aprecio y reconocimiento divino. Aunque el patriarca venía de un triunfo militar extraordinario, mostro humildad y reconocimiento de la misericordia y la presencia de Dios. Abraham recibió con sencillez y sobriedad la bendición que le otorgó el monarca de la antigua ciudad de Jerusalén.

La figura de Melquisedec, en la Biblia, está rodeada de importancia y misterio. ¡No sabemos nada de sus antecedentes personales ni familiares! Sin embargo, desde el inicio mismo del análisis del nombre, se muestran detalles teológicos que no deben obviarse. Ese nombre, que puede traducirse como "rey de justicia" y que, posteriormente, es asociado al "rey de paz", relaciona los importantes conceptos bíblicos de justicia y paz.

Esa continuidad temática entre la paz y la justicia es una singular indicación que esas ideas están profundamente relacionadas en la vida: la paz verdadera es mucho más que una negociación conveniente, es la que está fundamenta en la justicia. En efecto, son valores teológicos que están íntimamente ligados y no deben subestimarse, distanciarse o separarse.

En las tradiciones bíblicas, además, los Salmos son testigos del desarrollo teológico de la figura de Melquisedec. En primer lugar, el Salmo 76:2 relaciona directamente a Salem con la ciudad de Jerusalén; además, el Salmo 110 indica que Melquisedec inicia una nueva etapa en el sacerdocio bíblico, que supera los límites teológicos, ceremoniales y espirituales de los grupos levíticos. En este Salmo, Melquisedec es descrito como un personaje extraordinario, pues está sentado a la diestra de Dios, que es una manera simbólica de afirmar que es reconocido con honores.

Y para destacar aún más la importancia de la simbología asociada con este antiguo rey y sacerdote, la Carta a los hebreos presenta a Melquisedec como prototipo del futuro Mesías, que para la fe cristiana no es otro que Jesucristo, que demostró su extraordinario poder y su compromiso sacerdotal con su resurrección en la ciudad de Jerusalén. Este singular rey, en efecto, que era también sacerdote del Dios Altísimo, cumple una encomienda teológica única en las Escrituras: presentar y representar al gran Mesías anunciado por los profetas y esperado por el pueblo de Dios.

Una nueva bendición de Dios

Como respuesta a la conquista de los reyes del norte en Babilonia y en reconocimiento de la liberación de los monarcas del sur, en los alrededores del mar Muerto, Melquisedec —sacerdote y rey de Salem— bendice a Abraham. Y esa bendición, no solo demuestra su aprecio al patriarca y sus ejecutorias, sino que pone claramente de manifiesto una serie importante de valores teológicos: el Dios Altísimo, que es creador del cielo y la tierra, entregó a Abraham a sus enemigos.

> *¡Que el Dios Altísimo,*
> *Creador del cielo y de la tierra,*
> *bendiga a Abram!*
> *¡Bendito sea el Dios Altísimo,*
> *que entregó en tus manos a tus enemigos!* Génesis 14:19-20.

El fundamento de la bendición de Melquisedec a Abraham es el Dios Altísimo, a quien se reconoce el poder necesario para hacer realidad las palabras del importante sacerdote y rey. Esa singular divinidad, que ya era reconocida en la antigua Jerusalén, se relaciona directamente con el Dios de Abraham, que posteriormente se revela en el Sinaí con nombre propio a Moisés (Ex 3:1-16). Y esa continuidad teológica es un reconocimiento de que el Señor de la liberación del éxodo, que anteriormente había comisionado a Moisés el éxodo de Egipto, fue el mismo que llamó al patriarca a salir de la antigua ciudad de Ur de los caldeos.

El estudio sosegado de la bendición revela que el Dios Altísimo, el Señor de la liberación de los hebreos, y el que intervino con Abraham para que dejara sus tierras y sus familiares, es el mismo. Y ese singular Dios, que ahora se asocia con Moisés, tiene un representante en Canaán, Melquisedec que, a la vez, era sacerdote y rey. La bendición de Melquisedec, en efecto, además de ser una afirmación espiritual al patriarca por sus triunfos militares, es también una gran declaración teológica de monoteísmo.

La bendición de Melquisedec es doble. Inicialmente, bendice a Abraham a nombre del Dios Altísimo y, además, reconoce a ese Señor como creador del cielo y la tierra (Gn 14:19). Esa declaración inicial del rey de Salem, en efecto, está en continuidad con las narraciones bíblicas que, al comienzo mismo de los relatos de creación, afirma que es Dios el único creador de los cielos, la tierra, los cuerpos celestes, las aves, los peces, los animales y las personas (Gn 1:1–2:4).

La bendición de Melquisedec incluye un segundo elemento de gran importancia histórica y teológica: la alabanza a Dios, porque entregó en las manos del patriarca a los enemigos. Ese reconocimiento del poder divino es fundamental, pues destaca la intervención extraordinaria de Dios en medio de las guerras de su pueblo. Con solo unos trecientos dieciocho criados adiestrados para la batalla, pudo superar a varios ejércitos profesionales de Babilonia.

El desbalance militar, que se incorpora claramente en las narraciones bíblicas (Gen 14.14-16), muestra que el factor definitivo del triunfo de Abraham fue la clara y pertinente intervención divina que mostró su misericordia y su justicia. Y la bendición de Melquisedec reconoce claramente que ese poder del triunfo decisivo del patriarca provenía del Dios Altísimo, que lo estaba apoyando directamente en esta honrosa empresa de liberación de Lot, y en ese gran proyecto de restauración de la libertad de los pueblos al sur de Canaán.

El reconocimiento público de que la victoria militar estaba relacionada con las intervenciones divinas es un tema de gran importancia, entre otros, en los libros de Josué y Jueces. Las narraciones de la conquista de Canaán por Josué (Jos 1:1–12.24), y el posterior asentamiento en esas tierras en el período de los jueces (Jos 13:1, 22:34; Jc 1:1–2.5; 3:7–16:31), incluyen guerras en las que Dios intervino de manera definitiva para ayudar en los triunfos militares y en la posterior administración efectiva de las ciudades. Inclusive, en esos contextos bélicos, se invocaba al Dios de los ejércitos, que los profetas en hebreo distinguen como el Señor *tsbaot* (Is 6:3), expresión que destaca el elemento militar de las revelaciones divinas en medio de las adversidades y crisis del pueblo.

Ante la bendición divina de Melquisedec, Abraham respondió con humildad y sencillez: ¡entregó los diezmos del botín de guerra al sacerdote y rey de Salem! (Gn 14:20). Ese acto del patriarca era un reconocimiento público de la autoridad ética, moral y espiritual de Melquisedec. Además, es una muestra concreta de la humildad del patriarca.

En este relato bíblico es que aparece, por primera vez en el canon bíblico, la palabra diezmo, que en hebreo es *ma'aser*, y que se deriva de la palabra que significa "diez". Esos diezmos, que son producto de la gratitud del pueblo y sus líderes a Dios, posteriormente se incorporan de manera oficial en la ley mosaica (Lv 27:30-33; Nm 18:21-32; Dt 12:5-7, 11, 17; 14:22-29; 26:12-15). El pueblo hebreo estaba obligado a dar la décima parte de los productos agrícolas y del ganado que tenían. Debían presentarlo en el templo de Jerusalén, en ofrenda a Dios, como una expresión de gratitud por la bondad divina.

En ese contexto de bendiciones y gratitudes, el rey de Sodoma ofreció a Abraham que devolviera las personas y se quedara con los bienes recuperados de los babilónicos. Sin embargo, el patriarca respondió con negativa, pues no quería que posteriormente se dijera que se hizo rico con el botín de guerra que no le pertenecía (Gn 14:21-24). Y el fundamento de su rechazo a esa iniciativa del monarca fue ético, moral y espiritual: Abraham había jurado ante el Dios Altísimo, creador del cielo y la tierra, que no tomaría nada de lo rescatado en la guerra.

La decisión de Abraham no forzó a sus acompañantes a seguir la misma acción. Los jóvenes guerreros ya habían recibido lo requerido en comida. Además, reconoció que Aner, Escol y Mamré (Gn 14:13), compañeros en los combates, ya habían tomado lo que les correspondía.

De importancia capital en la narración bíblica es que el patriarca no forzó sus decisiones ni valores en el resto de los guerreros: respetó las decisiones personales de su grupo. Una vez más, Abraham demostró su fe al mantener su compromiso con Dios y el respeto a sus compañeros de armas. Ese acto es una manera adicional en que el relato bíblico presenta el carácter, la generosidad, el decoro, la fe y el fundamento espiritual de Abraham. El patriarca era un hombre de valores y dignidad.

Capítulo tres
Un nuevo pacto

Después de esto, la palabra del Señor
vino a Abram en una visión:
"No tengas miedo, Abram.
Yo soy tu escudo y muy grande será tu recompensa".
Pero Abram respondió:
—Mi Señor y Dios, ¿de qué me sirve que me des algo,
si aún sigo sin tener hijos
y el heredero de mis bienes será Eliezer de Damasco?
Como no me has dado ningún hijo,
mi herencia la recibirá uno de mis criados.
—Ese hombre no ha de ser tu heredero —contestó el Señor—.
Tu heredero será tu propio hijo.
Luego lo llevó afuera y le dijo:
—Mira hacia el cielo y cuenta las estrellas, a ver si puedes.
¡Así de numerosa será tu descendencia!
Abram creyó al Señor
y el Señor se lo reconoció como justicia.
Además, dijo:
—Yo soy el Señor que te hizo salir de Ur de los caldeos
para darte en posesión esta tierra.

Génesis 15:1-7

No tengas miedo

El nuevo relato bíblico que presenta la vida de Abraham comienza con una referencia al capítulo anterior, referente a la guerra para liberar a Lot del cautiverio babilónico. Con la expresión "después de esto", el redactor de la narración alude a las experiencias dramáticas de guerra contra los ejércitos invasores de Quedorlaomer. La lectura cuidadosa de la sección (Gn 12:1–15:21) revela no solo continuidad temática sino interdependencia literaria. La teología del capítulo 15 se fundamenta en el Dios que protege en las crisis (Gn 12), y el Señor que interviene en la adversidad para preparar el camino del cumplimiento de sus promesas (Gn 14:1–15:21).

El presupuesto temático de la nueva narración es que posiblemente el patriarca estaba preocupado por las respuestas militares de los ejércitos vencidos. Y en ese contexto de incertidumbres y ansiedades, surge la palabra divina de seguridad y esperanza: "No temas" (Gn 15:1). En efecto, la superación de los temores y las ansiedades es una enseñanza fundamental e indispensable en este relato específico en torno a la vida del patriarca, como en las Sagradas Escrituras en general. El temor detiene y desorienta, y la confianza permite evaluar la realidad con sabiduría para continuar el peregrinar de la vida al futuro.

La respuesta divina a las preocupaciones de Abraham fue de confianza firme y decidida. Estaba fundamentada en dos componentes: la naturaleza misma de Dios y la respuesta divina a la fidelidad del patriarca. Esa singular naturaleza divina, en este contexto de preocupación existencial, es de "escudo", que incorpora el elemento de protección en momentos de crisis. La seguridad del patriarca debe estar fundamentada en la capacidad y el compromiso divino, no en la efectividad militar de sus trescientos dieciocho soldados. El escudo divino es más eficiente que los cientos de escudos de los combatientes que ya habían demostrado su efectividad y poder militar.

En ese mismo contexto de posibles intervenciones militares adicionales, Dios responde a una preocupación existencial más profunda: ¡el patriarca aún no tenía familia! No poseía hijos que heredaran sus bienes pero más aún, su preocupación, posiblemente, se asocia al cumplimiento de las promesas divinas en general. El corazón de la crisis no era únicamente la falta de una familia inmediata, ¡sino la capacidad divina para cumplir sus promesas!

Quizá Abraham ya estaba resignado a esa realidad de infertilidad, por eso pensó en designar a su siervo Eliezer como heredero. Sin embargo, Dios no se olvida de sus promesas y recuerda al patriarca que su "recompensa será muy grande" (Gn 15:1), expresión que se relaciona con su familia futura y herederos. Y es en ese mismo contexto de revelación divina que responde a las necesidades más hondas del patriarca, Dios reitera su promesa: "tu heredero será tu propio hijo" (Gn 15:14). Con claridad, Dios rechaza la idea de que sus herederos van a provenir de sus siervos.

Cuenta las estrellas del cielo

La narración en este contexto toma un giro pictórico y educativo. Dios lleva al patriarca al campo y lo invita a mirar al cielo y a contar las estrellas. En esa situación, rodeado de naturaleza y expectativas, Dios reitera una vez más su promesa inicial: "Como el número de las estrellas del cielo, así de numerosa será la descendencia de Abraham" (Gn 15:5). Y de esa manera, el fundamento para incentivar la fe del patriarca en la promesa divina es que fue Dios mismo el que lo invitó a salir de la ciudad de Ur, además, fue el Señor el que lo motivó a emprender un viaje al futuro para que poseyera la tierra en la que estaba en ese momento.

Ante tal revelación divina, Abraham respondió de manera dubitativa o, quizá, pidió más información para aclarar la voluntad de Dios. El patriarca pidió algún tipo de señal que confirmara que la promesa de la tierra se iba a cumplir. Abraham necesitaba algún tipo de demostración o confirmación que le permitiera saber con seguridad que la promesa divina se iba a hacer realidad.

Para reiterar la palabra divina, el Señor ordena a Abraham a que participe de una ceremonia que, posiblemente, tiene un muy antiguo origen caldeo. Esos ritos, que incluyen elementos visuales de gran importancia educativa, son expresiones físicas y públicas de un muy serio compromiso divino-humano. Dios se compromete a cumplir su voluntad, y las personas afirman la lealtad y el deseo de vivir a la altura de ese compromiso público.

El protocolo del pacto incluía partir por la mitad una ternera, una cabra y un carnero, todos de tres años; además, en la ceremonia había una tórtola y un pichón de paloma (Gn 15:9). En primer lugar, las partes partidas de la ternera, la cabra y el carnero se debían poner de forma paralela, en fila y separadas. Ese arreglo permitía que la persona que participaba de la ceremonia caminara entre los animales partidos, como señal de su compromiso con los acuerdos establecidos en la alianza.

La frase hebrea *karát berít*, que se utiliza para describir este tipo de alianza o pacto con Dios, alude literalmente a "cortar un pacto"; y en griego, la expresión *horkía témnein*, significa "cortar juramentos". En ese contexto bíblico, Abraham "corta" los animales y Dios "corta" o confirma esa alianza o compromiso divino-humano.

Referente al tema de los pactos, es de singular importancia que, solamente en el libro de Jeremías en las Sagradas Escrituras, se alude a este tipo de ceremonia que presenta las dinámicas físicas y los protocolos de las ceremonias (Jr 34:18). La imagen de "cortar" el pacto es importante, pues quienes no cumplían con los compromisos incluidos en la alianza eran "cortados" de la presencia divina. Y esta simbología de "cortes" y "separaciones" es la que prepara el camino para el tema de la circuncisión que se incluirá posteriormente como señal del pacto de Dios con Abraham (Gn 17:1-27).

En torno a este tipo de ceremonias, debemos notar que en la historia hay, por lo menos, un caso digno de mencionar. Luego de la muerte de Alejandro el Grande, los procesos de sucesión en el reino no estaban definidos con claridad. Esa falta de comprensión de los procesos políticos, administrativos y militares generó una gran disputa entre los generales de Alejandro. Y cuando ya estaban al borde de un conflicto armado llegaron a un acuerdo, que incluyó una ceremonia similar a la descrita en la Biblia. Decidieron cortar a un perro en dos mitades, para que los ejércitos pasaran entre las dos partes del cuerpo cortado que fue el contexto de la reconciliación que evitó una guerra fratricida.

Abraham accedió a la revelación y se incorporó al singular pacto divino-humano. Organizó los componentes de la ceremonia para poder caminar entre los animales muertos y cortados en dos; aunque las aves incluidas en el sacrificio no eran cortadas por la mitad. Y aunque las aves de rapiña trataban de comerse los animales muertos, el patriarca las espantaba para mantener la integridad del sacrificio y el protocolo pertinente del pacto con Dios (Gn 15:11).

Sin embargo, al llegar la noche, Abraham cayó en un sueño profundo, y de acuerdo con el texto bíblico, lo rodeó una oscuridad aterradora (Gn 15:12). Ese singular sueño y ambiente de desafío fue el contexto básico para una nueva revelación de Dios (Gn 15:13-16). Los descendientes de Abraham van a vivir como extranjeros en tierras extrañas, y serán maltratados y esclavizados por cuatrocientos años. Además, la revelación divina añade que Dios hará justicia a sus descendientes, castigará a las naciones opresoras, los libertará del cautiverio y, finalmente, saldrán de esas tierras de opresión con grandes riquezas.

La revelación divina añade, en referencia a Abraham, que vivirá muchos años y descansará en paz con sus antepasados. También incluye un singular elemento profético que, posiblemente, alude a la vida de los descendientes del patriarca bajo el liderato del faraón de Egipto. Aunque vivián con dificultades en tierras extrañas por cuatrocientos años, regresarán posteriormente a las tierras que Dios le dio al patriarca (Gn 15:16). Y ese elemento profético es una fuente de esperanza adicional para Abraham.

En la narración, hay un comentario referente a "la iniquidad de los amoreos" (Gn 15:16) que es digna de mencionar. Se trata de una posible alusión a los cananeos, que eran las personas que vivían en las tierras donde estaba el patriarca. Esas tierras, de acuerdo con el mensaje divino, finalmente serán de Abraham y sus descendientes, cuando los pecados de esas comunidades cananeas hayan llegado al clímax que es, posiblemente, una alusión a la idolatría. Y en el momento del mensaje profético, faltaban varias generaciones para que esas acciones pecaminosas llegaran a su clímax y se hicieran realidad.

Cuando Abraham cae en un sueño profundo, en medio de la revelación divina, observó un horno humeante y una antorcha encendida que pasan en medio de los animales que estaban partidos en dos. Y como tradicionalmente esos elementos asociados al fuego en las Sagradas Escrituras se relacionan con Dios, la narración implica que el Señor mismo está haciendo el pacto con el patriarca al pasar en medio de los animales.

Ese detalle en la ceremonia, donde se pone de manifiesto la intervención divina al pasar simbólicamente entre los cuerpos divididos de los animales, añade una muy importante y única dimensión teológica. Posiblemente, identifica el elemento más importante del relato. Tradicionalmente, eran personas las que participaban de este tipo de ceremonias. Sin embargo, en esta ocasión, Dios también se incorpora en el proceso. Y esa es una manera que el texto bíblico utiliza para afirmar y reiterar que Dios estaba comprometido con la veracidad de su palabra y con el cumplimiento de sus promesas a Abraham.

Las referencias a las relaciones entre el fuego y Dios se presentan en varias de las narraciones del éxodo. En primer lugar, Dios se aparece a Moisés en medio de una zarza que arde (Ex 3:2-6); además, en el monte

Sinaí la presencia divina se veía en un fuego consumidor (Ex 19.18). Y, finalmente, en medio del proceso de la salida de los hebreos de Egipto, Dios se aparecía al pueblo en una columna de fuego (Ex 13:21) que no solo es símbolo de acompañamiento divino, sino representa la orientación que el Señor da a su pueblo en momentos de dificultades y adversidades.

La dimensión incondicional del pacto de Dios con Abraham es de suma importancia en el Nuevo Testamento. Para algunos autores la desobediencia del pueblo de Israel no tiene la capacidad de anular este pacto que está garantizado por Dios. Inclusive, algunas porciones neotestamentarias apuntan hacia que ese singular pacto se cumplirá en algún momento de la historia (Lc 1:46-55; Hch 3:17-26; Hb 6:13-18).

Fe humana y justicia divina

En este singular relato bíblico, donde se reitera el pacto divino de Dios con Abraham, se incluye una frase e idea de gran importancia teológica en las Escrituras: "Abram creyó al Señor y el Señor se lo reconoció como justicia" (Gn 15:6). Y esa importante relación íntima de fe y justicia, juega un papel de importancia capital en la teología bíblica en general y en el pensamiento neotestamentario en específico.

En la revelación divina que se incluye en este relato, la primera sección se dedica a la afirmación de la naturaleza divina. El patriarca no debe temer, pues Dios mismo lo va a proteger como su escudo (Gn 15:1), y esa declaración divina es fuente de esperanza y seguridad. Esa afirmación teológica la heredan los salmistas que, en diversos momentos de crisis personales y nacionales, declaran la confianza en Dios (Sal 23; 27; 42; 46).

La segunda declaración teológica del relato, sin embargo, se refiere directamente a Abraham y a su descendencia. De acuerdo con el testimonio bíblico, la recompensa del patriarca sería muy grande. Esta es la tercera ocasión en el libro de Génesis que Abraham recibe promesas de Dios (Gn 12:1-7; 13:14-17; 15:6). Y esas promesas son: un heredero (Gn 15:4), una descendencia numerosa (Gn 15:5) y una tierra (Gn 15:7).

La fe de Abraham es un acto claro de entrega incondicional a Dios. Representa la confianza plena del patriarca ante la revelación divina. Revela su decisión personal de una persona que decidió creer en las promesas de Dios. Y ese acto, que está fundamentado en su fe no en sus buenas obras, fue transformado en justicia como manifestación plena del amor de Dios y de la misericordia divina.

Como la Ley de Moisés no se había revelado aún, la justicia del patriarca no se relaciona con la obediencia a los preceptos que se revelaron posteriormente en el monte Sinaí: solo se basa en la fe, confianza, esperanza y credulidad. Y este es el argumento que articula el apóstol Pablo para afirmar que lo que prioritariamente se necesita para alcanzar la salvación de Dios es la fe (Rm 4; Gl 3:6-20).

De acuerdo con las narraciones bíblicas, Dios no consideró a Abraham justo por sus acciones o hazañas, sino por su fe, por la plena confianza que demostró en la promesa divina, aunque era difícil de creer, pues su edad avanzada era un desafío para procrear. Y fundamentada en esa dinámica asociada con el patriarca, la fe que se transforma en justicia se convirtió en un principio de importancia en la teología cristiana.

El relato bíblico afirma de manera directa que Abraham creyó al Señor (Gn 15:6), es decir, que estaba confiado y dispuesto hasta a dar su vida por ese pacto o compromiso que había hecho con Dios. De singular importancia es el uso de la palabra hebrea traducida por "creer", que se relaciona con una expresión que regularmente se presenta como "amén" o "así sea", con el sentido de aceptación. Cuando el pueblo de Dios declara un "amén", lo que hace es afirmar y creer en lo que se ha dicho. El "amén" es una manera de aceptar las promesas divinas y someterse a la voluntad del Señor.

Y como Abraham creyó y aceptó las promesas del Señor, la respuesta divina a ese singular acto de confianza y respeto a la voluntad de Dios fue el reconocer ese gesto como un acto de justicia, como una decisión acertada. La fe del patriarca es transformada en justicia, pues Dios reconoce el deseo de Abraham de ser fiel al pacto y someterse a la voluntad del Señor. Y ese componente de fidelidad y deseo, de hacer la voluntad divina, son los elementos claves para la transformación de la fe en la justicia, en la vida del patriarca: Dios acepta esa "fe" o ese "amén" de Abraham como un acto de justicia y rectitud.

Posteriormente en la historia, cuando el apóstol Pablo contribuye al desarrollo de la teología cristiana, reinterpreta esta antigua narración de la revelación divina a Abraham. El apóstol de los gentiles desarrolla sus enseñanzas sobre la "justificación por la fe" (Rm 4:1-3; Gl 3:7-9). Y esa afirmación teológica ha sido importante en la vida de las iglesias evangélicas, entre otras comunidades de fe, desde la Reforma Protestante.

El ejemplo del patriarca brinda al sabio apóstol el marco de referencia necesario para relacionar la fe y la justicia. Además, la afirmación en torno a la fe de Abraham optimiza su interpretación al reconocer que Dios había aceptado, asociado al antiguo patriarca judío, que la fe en Dios es un buen fundamento para que se manifieste de forma plena la justicia divina. Y por esa razón es que, para el sabio apóstol, y también para la teología neotestamentaria, es tan importante la comprensión de la siguiente declaración: "el justo por la fe vivirá" (Rm 1:17; Gl 3:11; Hb 10:38).

Pactos de Dios

Los pactos o las alianzas juegan un rol de gran importancia teológica en las Sagradas Escrituras. Se trata de acuerdos formales entre dos partes que tenían el mismo nivel político y social y que, además, poseían la capacidad y el deseo de entablar acuerdos vinculantes. De singular importancia, para comprender la teología bíblica, es que en las Sagradas Escrituras frecuentemente es Dios el que inicia los pactos o acuerdos con personas o pueblos.

En primer lugar, Dios hace un pacto unilateral con Noé y sus descendientes, que nunca destruirá la tierra a través de un diluvio (Gn 9:1-17). Posteriormente, hace un pacto adicional con Abraham (Gn 12:1-9; 15:1-7; 17:1-27), cuya característica básica es la unilateralidad, pues Dios se compromete a cumplir el acuerdo. Con Moisés y el pueblo hebreo Dios hace otro pacto, que incluye la responsabilidad del pueblo en cumplir la Ley (Ex 19:1–20:17).

Las Sagradas Escrituras también presentan el pacto de Dios con David (2 S 7:1-29), en el cual se afirma que la dinastía davídica será para siempre. Y, finalmente, en el libro del profeta Jeremías (Jr 31:31-34) se presenta un nuevo pacto en el cual las leyes divinas estarán escritas en el corazón de las personas.

Esta serie de pactos son importantes en las Sagradas Escrituras, pues ponen de relieve una gran afirmación teológica: el Dios bíblico promete y cumple. Esta comprensión de la naturaleza divina, que incluye los elementos de fidelidad y compromiso, es fundamental para el desarrollo de la teología cristiana, de acuerdo con el Nuevo Testamento.

Dios fue fiel a su palabra y a su compromiso en los pactos, pero el pueblo de Israel no estuvo a la altura de la obediencia y la responsabilidad que requerían esos acuerdos divino-humanos. Pero, aunque el pueblo no fue leal, y tuvo que pagar las consecuencias de esas infidelidades, Dios siempre está comprometido con su palabra. Y esa naturaleza divina hace que en Jesucristo se cumpla, de forma definitiva, su compromiso de redención con la humanidad.

Capítulo cuatro
Agar e Ismael

Saray, la esposa de Abram, no le había dado hijos.
Pero como tenía una esclava egipcia llamada Agar,
Saray dijo a Abram:
—El Señor me ha hecho estéril.
Por lo tanto, ve y acuéstate con mi esclava Agar.
Tal vez por medio de ella podré formar una familia.
Abram aceptó la propuesta que hizo Saray.
Entonces ella tomó a Agar, la esclava egipcia,
y se la entregó a Abram como mujer.
Esto ocurrió cuando ya hacía diez años
que Abram vivía en Canaán.
Abram tuvo relaciones sexuales con Agar
y ella concibió un hijo.
Al darse cuenta Agar de que estaba embarazada,
comenzó a mirar con desprecio a su dueña.
Entonces Saray dijo a Abram:
— ¡Tú tienes la culpa de esta injusticia!
Yo puse a mi esclava en tus brazos
y ahora que se ve embarazada me mira con desprecio.
¡Que el Señor determine quién tiene la culpa, si tú o yo!
—Tu esclava está en tus manos —contestó Abram—,
haz con ella lo que bien te parezca.
Y de tal manera comenzó Saray a maltratar a Agar
que esta huyó de su presencia.

Génesis 16:1-6

La criada, el patriarca, el hijo y la esposa

Luego de las narraciones que presentan el llamado de Abraham (Gn 12:1-9), el viaje a Egipto (Gn 12:10-20), las dificultades con su sobrino Lot y su posterior liberación (Gn 13:1–14:16), la bendición de Melquisedec (Gn 14:17-24) y la reiteración de la promesa de tener una descendencia numerosa (Gn 15:1-21), el tema del libro se orienta hacia Sara, la esposa del patriarca (Gn 16:1-16), y las dinámicas asociadas a su condición de esterilidad. Y el argumento expuesto en este nuevo capítulo presenta algunos detalles importantes de la fe y la personalidad de dos de los protagonistas del relato, el patriarca y su esposa.

La sección comienza con una declaración que sirve de marco de referencia a las dinámicas del relato: Saray, la esposa de Abram, no le había dado hijos (Gn 16:1). Esa afirmación básica, que no solo describe la realidad de la esterilidad, sino que es eminentemente teológica, presenta el corazón de la dificultad. La infertilidad de Sara implicaba un problema serio para que la promesa divina al patriarca se hiciera realidad. ¡Estaba en juego el cumplimiento de la palabra de Dios!

La crisis que se presenta en esta nueva narración escritural es sencilla y seria: Dios prometió a Abraham una familia numerosa, pero el vehículo para hacer realidad esa iniciativa divina, su esposa Sara, no era adecuado para que esa importante promesa del Señor se transformara en realidad. De un lado estaba el deseo divino, y del otro la imposibilidad humana.

En medio de las contradicciones y los desafíos que se desprenden de las relaciones complejas, entre la voluntad divina y la naturaleza humana, Sara trata de superar la dificultad, de acuerdo con las tradiciones de su cultura. Una vez acepta que es estéril, y afirma que Dios la hizo así, invita a Abraham a que se acueste con una de sus esclavas egipcias, Agar. De esa manera culturalmente aceptable, Sara estaba confiada en que podía "ayudar" a Dios a cumplir su promesa. El objetivo de Sara era propiciar que la promesa divina se hiciera realidad a través de su esclava, que serviría como un tipo de "esposa secundaria".

De acuerdo con las comprensiones de esa época, la esterilidad era una de las peores desgracias que podía padecer una mujer (1 S 1:10-11). En ese mundo patriarcal, el cien por ciento de las dificultades de procreación se identificaban con las mujeres, sin percatarse que ese singular tipo de dificultad familiar y de procreación se asocia tanto con las mujeres como en los hombres. Era un periodo de comprensiones varoniles de las realidades de la vida.

Para superar esas complicaciones familiares, en las sociedades que se presentan en la Biblia, se aceptaba que, para superar en algo la deshonra de la infertilidad, se permitía que la esposa estéril consiguiera al marido alguna esclava que sirviera de "madre sustituta" para incentivar el embarazo y propiciar el parto, y apoyar de esa forma el desarrollo familiar. Cuando Sara permitía a su marido el tener relaciones sexuales con la "madre sustituta", la esclava se transformaba en una "esposa secundaria". Y ese acto presuponía que la esposa estéril aceptaría la criatura proveniente de esa relación como si fuera de ella (Gn 30:1-13).

Las prácticas asociadas a la maternidad sustituta eran conocidas en Canaán, Babilonia, Egipto, y en otras comunidades del Medio Oriente antiguo. Desde el tercer milenio antes de Cristo, las familias de esta región del mundo entendían que este tipo de dinámicas, madre-padre-esclava, eran capaces de responder adecuadamente en dinámicas familiares de esterilidad. Esa condición de infertilidad era entendida antiguamente como un tipo de maldición o como la manifestación del juicio divino.

Agar, posiblemente, se incorporó a la familia de Abraham cuando el patriarca vivía en las tierras de los faraones, Egipto. El sustantivo "agar", que en hebrero significa "huida", revela que el nombre, posiblemente, le fue puesto a la esclava después de ser adquirida en Egipto y de salir de esas tierras con sus nuevos dueños. Y ese nombre, que alude a alguna huida, puede ser una indicación de un componente importante en su vida.

La decisión de Abraham de aceptar la recomendación de Sara se fundamenta en varias razones humanas, teológicas y culturales: había una promesa divina incumplida y también un deseo firme de hacerla realidad. Además, la recomendación de Sara era culturalmente apropiada y aceptable. Sin embargo, esta dinámica familiar no muestra lo que la Epístola a los hebreos indica que es necesario e impostergable para ser exitoso en la vida: tener paciencia (Hb 6:12; 10:36). En efecto, la paciencia y la sobriedad en la vida son valores indispensables para lograr los objetivos personales, familiares y profesionales en la vida.

El fundamento del conflicto y la forma de superar la dificultad era claro: la imposibilidad de ser el vehículo divino que tenía Sara, la esposa del patriarca, para que se cumpliera un componente básico e indispensable de la promesa divina: ella reconocía que era estéril. Y esa importante promesa divina fue determinante para el comienzo del peregrinar de Abraham desde la ciudad de Ur de los caldeos hasta llegar a las tierras de la antigua Canaán: tener una descendencia numerosa.

El relato, sin embargo, no indica que los sentimientos y la voluntad de Agar se hayan tomado en consideración y fueran parte del proceso decisional. La preocupación prioritaria era cómo "ayudar" en el proceso de hacer realidad una promesa divina. Y esas dinámicas revelan que, desde el momento inicial de este proceso, el acercamiento para superar el problema era inadecuado, pues tenía el potencial de complicar más aún las dinámicas familiares. ¡No es necesario ni pertinente ayudar a Dios para que cumpla sus promesas!

El resultado de las relaciones de Abraham y Agar fue el nacimiento de un hijo, que posteriormente se identifica como Ismael (Gn 16:16). La llegada de este nuevo miembro de la familia, que debería ser un agente de bendición, paz y bienestar, se convirtió en un foco de tensión: se deterioraron las relaciones entre Sara y Agar, y esas dinámicas de hostilidad e incomprensión también afectaron a Abraham. En efecto, la decisión de "ayudar" a Dios para cumplir la promesa divina, en vez de ayudar en los procesos de pacificación y esperanza familiar, se convirtió en un componente adicional para la optimización de la crisis.

Agar e Ismael

El nacimiento de Ismael, que debió haber sido fuente de alegría y esperanza, se convirtió en un agente de tensión y, además, generó un ambiente novel de complicaciones intrafamiliares. Una vez que Agar se percató que estaba embarazada, las relaciones con su señora y dueña, Sara, se deterioraron. Y ese deterioro se manifestó con fuerza y complicó las dinámicas matrimoniales entre Abraham y Sara.

La nueva actitud de Agar hacia Sara fue abiertamente de irrespeto, rechazo y hostilidad. La expresión hebrea que se traduce como "miraba con desprecio", se asocia con las ideas de maldición y rechazo. Detrás de las acciones de Agar se escondían resentimientos, dolores y animosidades. Y ese ambiente de amargura y menosprecio fue posiblemente el detonante de las acciones de la esclava Agar hacia Sara. La idea de Sara, de "ayudar" a Dios a cumplir sus promesas, incorporando a Agar en el proceso de maternidad sustituta, sin contar con el consentimiento de la sierva, en efecto, no fue la mejor.

El origen real de las acciones de Agar hacia su dueña, no están del todo claras en el relato bíblico. Quizá se debían a los cambios naturales en el cuerpo, que generaban cambios en el temperamento y el carácter de una mujer embarazada. Otra posibilidad, sin embargo, es el resentimiento que se puede generar cuando alguien toma decisiones sobre su cuerpo, sin tomar en consideración las decisiones y los sentimientos de la persona afectada. Independientemente del origen de la hostilidad de Agar, el texto bíblico destaca que las relaciones normales de hogar se afectaron adversamente una vez comenzó el embarazo.

De acuerdo con la narración bíblica, la actitud de Sara no ayudó mucho en la superación de la crisis. En primer lugar, acusó a Abraham de ser el culpable del problema, sin entender que fue ella la que recomendó este singular camino para superar su condición de mujer estéril y "ayudar" en el proceso de hacer realidad la promesa divina de que Abraham tendría una descendencia numerosa. Y en medio de reproches y conflictos, Sara reclama, además: "¡Que el Señor determine quién tiene la culpa, si tú o yo!" (Gn 16:5). Según la narración de la Biblia, Sara, que fue quien organizó la estrategia de superación de esterilidad, acusa a Abraham de ser el culpable del problema y, además, ¡pone a Dios de testigo para determinar quién es la persona verdaderamente responsable!

Quizá la huida de Agar al desierto fue interpretada, inicialmente, por Abraham y Sara, como una solución al problema. Sin embargo, Dios tenía un propósito ulterior diferente, e intervino con su ángel en la vida de Agar. Lo que fue visto, de manera preliminar, como la solución de un problema familiar serio, se convirtió en una nueva oportunidad divina para bendecir no solo a Agar, sino a toda la familia del patriarca, a las naciones y la historia. La descendencia de Abraham vía Agar también será bendecida y multiplicada.

Sara, Abraham y el ángel de Dios

La respuesta de Abraham no contribuyó mucho a la solución del conflicto ni a la paz del hogar. El patriarca evade su responsabilidad en esta disputa familiar e indica a su esposa Sara que, como la idea del embarazo a través de la criada fue de ella, que ahora responda a las consecuencias de las decisiones que había tomado (Gn 16:6). Y en esta dinámica, debemos estar conscientes que no se toman decisiones considerando los sentimientos ni la voluntad de Agar, que es la persona que fue utilizada para resolver un problema que, a última instancia, no era de ella.

Los momentos de hostilidad y maltratos de Sara hacia Agar fueron en aumento. Cuando las tensiones y las acciones impropias de Sara llegaron a un nivel insoportable, Agar decidió huir del hogar de Abraham. La tensión llegó a tal nivel, según las narraciones bíblicas, que Agar prefirió el desierto que el hogar del patriarca. La angustia fue tan grande, que la esclava optó por las incertidumbres y los desafíos del viaje de huida, antes de mantenerse cerca de Sara, que representaba la insanidad, el rechazo, la angustia y el dolor, que eran dinámicas insoportables, indignas, continuas y crecientes.

Como las respuestas a la crisis y las decisiones de Abraham y Sara no fueron capaces de superar la crisis, de acuerdo con el testimonio bíblico, Dios intervino de forma especial a través de un ángel. Las palabras hebreas y griegas que se traducen como *ángel* aluden a un enviado o mensajero de Dios. El ángel del Señor, o el mensajero divino que llegó ante Agar, era un representante directo de Dios que intervenía con varios propósitos: apoyar a la esclava egipcia —que era víctima inocente de una dinámica enfermiza entre Abraham y Sara; además, esa acción de Dios era una manera de reconocer la dignidad de una mujer maltratada por sus amos.

La intervención de un ángel en medio de esta crisis habla muy bien del Dios que tiene el deseo y la capacidad de llegar a las necesidades más hondas del alma humana. El Señor no fue un espectador pasivo ni un testigo indiferente ante la crisis de Agar. Y al intervenir, el ángel hace una serie de preguntas que ciertamente ya Dios sabía las respuestas, pero que deseaba que Agar reflexionara sobre los temas expuestos: "¿De dónde vienes? ¿Hacia dónde vas?" (Gn 16:8) Y esas preguntas contienen las interrogantes más importantes y determinantes de la existencia humana.

La respuesta del ángel, quizá, no fue la que esperaba Agar, pues la invita a regresar al hogar y someterse al liderato y la autoridad de Sara (Gn 16:9). La recomendación del mensajero divino, posiblemente, no estaba en relación con las expectativas de Agar que huía del rechazo y la hostilidad de Sara. Sin embargo, esa comisión vino acompañada a una promesa divina directamente a ella: "Su descendencia también sería multiplicada, al nivel de que no se podría contar" (Gn 16:10).

De las preguntas del agente de Dios se desprenden detalles de importancia capital para tomar en consideración al enfrentar las dificultades en la vida. No es buena idea huir ante los problemas, pues es mejor afrontarlos con responsabilidad e inteligencia. Además, la intervención divina pone de manifiesto que el Dios bíblico está al lado de la gente en necesidad, independientemente de la escala social, el origen étnico o el género.

La oportuna presencia del ángel del Señor en el desierto añade a las dinámicas del conflicto Sara-Agar-Abraham un componente novel y desafiante. El regreso de Agar al hogar de Sara tiene implicaciones extraordinarias. La bendición divina al patriarca no estará cautiva en sus descendientes por medio de Sara, sino que ahora se incorporaba también a los descendientes de Agar.

La decisión de Sara de darle una mujer a Abraham para hacer realidad la promesa divina, que inicialmente no fue la mejor para resolver un problema, ahora se expandía para tener implicaciones tanto en los hijos de Sara como en los de Agar. En efecto, este detalle en la narración bíblica revela que la misericordia divina es mayor que las imprudencias humanas.

La revelación del ángel de Dios

En ese contexto de crisis y revelación divina, el ángel de Dios dice:

> *Estás embarazada, darás a luz un hijo*
> *y le pondrás por nombre Ismael*
> *porque el Señor ha escuchado tu aflicción.*
> *Será un hombre indómito como asno salvaje.*
> *Luchará contra todos*
> *y todos lucharán contra él;*
> *y habitará frente a todos sus hermanos.* Génesis 16:11-12.

Las palabras del ángel tienen la finalidad de consolar, edificar y orientar a Agar. En primer lugar, confirma su embarazo, da el nombre al niño por nacer, afirma que Dios escuchó su clamor, y describe la personalidad del hijo por venir. La revelación angelical pone claramente de manifiesto la preocupación divina por los dolores, las angustias y los problemas de Agar. Según el testimonio bíblico, en un viaje de huida y en medio de desesperanzas, Dios no ignoró los problemas y las necesidades de Agar, y respondió en el instante adecuado para preparar el camino de su superación y resolución.

En el contexto de la revelación divina, el ángel del Señor anuncia a Agar algunos detalles de su hijo. En primer lugar, revela el nombre. El nombre Ismael, en hebreo, significa "Dios oye", o puede también ser un clamor o una petición, "que Dios oiga" (Gn 16:11). De esa manera, la palabra angelical pone de relieve la iniciativa divina ante las adversidades de la vida. Además, alude a la vida que tendrá Ismael, que es descrita similar a la de los beduinos árabes al sur de los territorios cananeos (Gn

25:16-18). Las imágenes de "indómito como asno salvaje" y de "luchador" destacan los componentes de fortaleza, independencia de criterio y rechazo al cautiverio.

La intervención divina a través del ángel se lleva a efecto en "el camino a la región de Sur" (Gn 16:7). Esa antigua ruta, que atraviesa el desierto, es posiblemente una referencia al antiguo camino que llevaba a Egipto, que era de donde provenía originalmente Agar (Gn 25:18; 1 S 15:7; 27:8). El viaje de huida de Agar era un peregrinar a sus orígenes, a su pasado. El ángel, sin embargo, no la orienta al pasado, sino al futuro.

La lectura cuidadosa del texto hebreo pone de relieve un detalle lingüístico que tiene importantes repercusiones teológicas. Las referencias al ángel del Señor (Gn 16:7, 9, 10, 11), en ocasiones, se funden con la revelación directa de Dios (Gn 16:13). Para comprender esta dinámica es menester entender que el ángel divino es un mensajero y representante directo de Dios. En ese contexto, es importante comprender que lo que se dice al ángel, o lo que ese mensajero comunica, es la palabra directa de parte de Dios. Y es por esta razón que Agar, cuando responde a las intervenciones del ángel, dice de forma directa que el Señor le había hablado (Gn 16:13).

El fruto de ese diálogo divino-humano es que Dios interviene directamente con Agar. En medio de su crisis de huida de la casa de Abraham y Sara, lo que sucede a Agar es muy importante, desde la perspectiva teológica. Como respuesta a esa revelación divina, la sierva de Sara afirma un singular nombre de Dios. En ese contexto de huidas y revelaciones, Agar alude en hebreo al Señor como *El Roi*, que significa "el Dios que me ve", o ¿no he visto yo también al Dios que me ve? En cualquier caso, ese singular nombre divino es una manera de afirmar y describir al Dios que tiene la capacidad y el deseo de ver y responder de manera efectiva a las necesidades humanas más hondas.

La revelación a Agar se produce en un pozo que está en el desierto, entre Cades y Béred, y que se caracteriza como "el pozo del Viviente que me ve" (Gn 16:14). La identificación del lugar tiene importancia geográfica y teológica. Revela que Agar deseaba llegar al lugar de sus orígenes, Egipto, aunque la revelación en el pozo, también puede ser una referencia a la vida que se representa en el agua. ¡Agar deseaba vivir en un ambiente de seguridad y paz!

La expresión en hebreo "he visto al que me ve", significa literalmente "he visto la espalda del que me ve", pues en la cultura hebrea no se podía ver a Dios y seguir viviendo (Ex 20:19; 33:20; Is 6:5). Para el mundo bíblico nadie tiene la capacidad de ver al Señor y permanecer con vida, y esa convicción teológica también se pone de manifiesto en la teología paulina (1 Tm 6:16).

Una nota final en este relato es que se indica que, tal como el ángel lo había anunciado, Agar dio a luz a Ismael. Además, se revela la edad de Abraham cuando Ismael nace: ochenta y seis años. En efecto, la edad del patriarca era avanzada. No era un momento adecuado en la vida para comenzar una familia; sin embargo, las promesas divinas no están cautivas en las cronologías humanas.

La sección final de esta sección del libro de Génesis pone de relieve la obediencia de Abraham, pues al nacer puso el nombre que había sido revelado por Dios a Sara (Gn 16:15). Además, la Biblia destaca la edad de Abraham al tener a Ismael, ¡ochenta y seis años! Es decir, que el patriarca tuvo que esperar otros trece años, para ver la profecía cumplida de su descendencia a través de Sara. De manera sobria, el relato escritural indica que la paciencia de Abraham estuvo a prueba más de una década adicional, antes de que la promesa divina fuera transformada en realidad.

Una lectura teológica del apóstol Pablo

El apóstol Pablo reflexiona sobre este singular incidente en la vida de Abraham, Sara, Agar e Ismael, y explora este tema en la Epístola a los gálatas. En su análisis, el apóstol describe a Ismael como el que había nacido "según la carne" (Gl 4:29). En efecto, Pablo expone en la Carta el tema de "las obras de la carne" (Gl 4:23, 30), y afirma que la salvación es obra de Dios, no el resultado de los esfuerzos humanos. Las acciones de las personas, de acuerdo con la teología paulina no tienen la capacidad de traer salvación a la humanidad. Solo Dios tiene el deseo, la capacidad y el poder de bendecir a las personas con su salvación eterna, fundamentado únicamente en su misericordia y amor.

Una lectura detallada del relato bíblico del conflicto entre Sara y Agar también revela que Dios tiene el control de la historia. Además, ese Señor que interviene en medio de las realidades humanas, tiene la capacidad de prometer y el compromiso de hacer honor a su palabra. Las personas de fe deben esperar el cumplimiento de la revelación divina en el momento adecuado. Y pensar que alguna acción humana puede acelerar o propiciar el cumplimiento de las promesas divinas es un grave error.

De las reflexiones sobrias fundamentadas en las enseñanzas del relato del nacimiento de Ismael, se desprende que el Dios bíblico cumple sus promesas de acuerdo con sus propósitos, su voluntad y a su preciso tiempo. El Señor, que está en control de la historia, entiende la importancia del tiempo, e interviene en el momento adecuado y necesario. Tratar de acelerar la voluntad divina, con alguna decisión o acción humana, es no comprender la naturaleza de un Dios que no solo es creador, sino que actúa en medio de las realidades humanas, para poner de manifiesto su voluntad, poder y autoridad.

Las acciones humanas que intentan "ayudar" a Dios a cumplir su propósito en la vida son producto de la insensatez e imprudencia, pues no entienden que el tiempo es un factor prioritario en las intervenciones divinas que transforman la voluntad de Dios en acciones concretas en medio de las realidades humanas. Y esas decisiones humanas que intentan acelerar el cumplimiento de las promesas divinas pueden ser expresiones de inmadurez o vanidad.

En muchas ocasiones, la tardanza en el cumplimiento de las promesas de Dios tiene una intención educativa. Quizá sea una manera de afirmar la paciencia y fortalecer la fe, que son criterios importantes y necesarios para la salud mental y espiritual. O, posiblemente, sea una forma de incentivar la reflexión crítica y creadora referente a las implicaciones liberadoras y transformadoras del cumplimiento de la voluntad divina, que es agradable y perfecta. Finalmente, esa llamada "tardanza divina" es una demostración plena y clara de la soberanía de Dios.

Capítulo cinco
Los cambios de nombres y la circuncisión

Cuando Abram tenía noventa y nueve años,
el Señor se apareció y dijo:
—Yo soy el Dios Todopoderoso.
Anda delante de mí y sé íntegro.
Así confirmaré mi pacto contigo
y multiplicaré tu descendencia en gran manera.
Al oír que Dios le hablaba,
Abram cayó rostro en tierra
y Dios continuó diciendo:
—Este es el pacto que establezco contigo:
Tú serás el padre de una multitud de naciones.
Ya no te llamarás Abram,
sino que de ahora en adelante
tu nombre será Abraham,
porque te he confirmado
como padre de muchas naciones.
Te haré tan fecundo
que de ti saldrán reyes y naciones.
Estableceré mi pacto contigo
y con tu descendencia,
como pacto eterno, por todas las generaciones.
Yo seré tu Dios y el Dios de tus descendientes.
A ti y a tu descendencia daré, en posesión perpetua,
toda la tierra de Canaán,
donde ahora vives como extranjero.
Y yo seré su Dios.

Génesis 17:1-8

El pacto y sus implicaciones éticas

Una vez más el tema del pacto de Dios con Abraham ocupa un lugar prominente en las narraciones bíblicas. En esta ocasión, sin embargo, esta reiteración teológica incluye una revelación divina adicional, singular e importante. Se produce en medio de una aparición divina en la que se presenta un nuevo nombre de Dios, que ciertamente tiene implicaciones teológicas y espirituales de importancia no solo para el desarrollo de este relato, sino para el resto de las Sagradas Escrituras. La nueva presentación del pacto de Dios con el patriarca se produce en un contexto temático de importancia capital y de pertinencia teológica: la revelación de un nombre divino.

Esta fundamental teofanía, o manifestación extraordinaria de Dios, se produce cuando Abraham tenía noventa y nueve años (Gn 17:1). Este peculiar detalle de la edad del patriarca, puede ser una referencia que destaca sus últimos trece años de vida. Cuando nació Ismael, el patriarca tenía ochenta y seis años (Gn 16:16). Ese ambiente de edad avanzada y silencio divino es el entorno inmediato de la nueva revelación al patriarca. Y una vez más el Señor tiene la intención de reafirmar el pacto, explicar mejor la promesa de Dios, además de explorar sus implicaciones familiares, históricas y teológicas.

Un componente adicional de la edad del patriarca no puede ignorarse. Salió de Ur de los caldeos hacia Canaán cuando tenía setenta y cinco años. La narración actual describe las circunstancias del patriarca luego de veinticuatro años, ¡cuando Abraham tenía noventa y nueve años! ¡A esa edad no se conciben hijos! ¡Ya había pasado el tiempo para que se cumpliera la promesa de Dios por los procesos naturales de la vida! ¡Ya era tarde! ¡Lo mejor que podía hacer el patriarca en medio de estas circunstancias era olvidar lo que había recibido de parte de Dios o reinterpretar esas promesas divinas!

La gran afirmación teológica que está implícita en la narración bíblica, tiene como objetivo declarar que Dios no olvida sus promesas. El Dios bíblico promete y cumple. Y este nuevo capítulo en la vida de Abraham destaca un elemento teológico fundamental e indispensable referente a Dios y al tiempo, que autor del libro de Eclesiastés describe con sabiduría: "todo tiene su tiempo, y todo lo que se quiere debajo del cielo tiene su hora" (Ec 3:1).

En primer lugar, la teofanía identifica quién se revela con claridad a Abraham: el Dios Todopoderoso, que se presenta en hebreo como

El Shaddai. Esa importante revelación está unida a un mandato ético de gran importancia espiritual y moral: "anda delante de mí y sé íntegro" (Gn 17:1). El gran *Shaddai*, que su significado primitivo debió haber sido "Dios de la montaña" (Sal 91:1) y que, posiblemente, alude al poder y la grandeza divinas, requiere fidelidad, obediencia, integridad y santidad.

De singular importancia en la revelación divina es que el nombre divino, *El Shaddai*, aparece en otras narraciones bíblicas asociadas al patriarca, específicamente en contextos donde se afirman las implicaciones del pacto y la promesa divina de tener una descendencia numerosa (Gn 28:3; 35:11; 48:3; Ex 6:3). Un Dios Todopoderoso tiene la capacidad y el deseo de hacer realidad sus promesas al patriarca.

El Shaddai, además, representa una de las referencias a Dios más importantes en la época antes de Moisés, y puede ser una alusión al Señor que tiene dominio universal, poder absoluto y autoridad plena. Y esa idea de un Dios todopoderoso y virtudes sobrenaturales son la que deben enmarcar la transformación de un hombre de edad avanzada para el cumplimiento de la voluntad divina de darle una familia extensa.

El libro de Génesis presenta tres nombres divinos de gran importancia teológica. *Elohim* enfatiza el poder creador y la universalidad divina (Gn 1:1–2:4); *Yahvé*, que revela su naturaleza y eternidad, además de su capacidad de intervenir en medio de la humanidad, independientemente de las realidades históricas (Gn 2:5-25) y; *El Shaddai*, que se asocia al poder absoluto, al control de la naturaleza y la historia (Gn 17:1).

Anteriormente, en los relatos bíblicos (Gn 15), el énfasis de la revelación del pacto recaía sobre Dios, y la responsabilidad humana no se destacaba. En esta ocasión, sin embargo, comienzan a revelarse las implicaciones éticas y morales del pacto en el comportamiento de Abraham. La revelación divina recalca que el patriarca debía vivir a la altura de los reclamos espirituales que representa el Dios que lo ha llamado. Su comportamiento y sus decisiones deben distinguirse por la integridad y la santidad, pues el Señor lo llama a seguirle y demostrar esos valores en la vida (Gn 17:1).

De esta manera, la narración bíblica pone un muy necesario equilibrio ético en el pacto de Dios con Abraham: el Dios Todopoderoso se revela y el patriarca muestra integridad, como respuesta al compromiso divino. En efecto, el pacto divino-humano requiere que las personas reflejen el carácter de rectitud, entereza y moralidad de quien los ha llamado. Y este importante reclamo divino está en consonancia con la posterior revelación ética, moral y espiritual que afirmaba directamente que el pueblo debía ser santo, pues el Dios bíblico es santo (Lv 19:1; 20:7; 1 P 1:15).

La revelación divina, en esa ocasión (Gn 17:1-8), tiene componentes teológicos y espirituales que no deben subestimarse u obviarse. La descripción del pacto incluye nuevamente el anuncio de una descendencia numerosa (Gn 17:4-6) y la promesa de poseer la tierra de Canaán, en la cual vivía como extranjero (Gn 17:8). Además, el relato bíblico añade que se establecerá una relación perpetua entre Abraham y sus descendientes con Dios.

Esa relación singular divino-humana se fundamentará en que la familia del patriarca también reconocerá y aceptará la revelación del Dios del pacto como el Señor. La continuidad histórica del pacto está íntimamente asociada a la fidelidad de los descendientes de Abraham, inclusive, la bendición divina al patriarca incluirá en su descendencia a naciones y reyes, que es una manera de magnificar y destacar la naturaleza extraordinaria de la bendición de Dios tanto a Abraham como a sus descendientes.

La respuesta de Abraham a la revelación divina fue de humildad, reconocimiento y adoración. De acuerdo con la narración, el patriarca se postró sobre su rostro —que es una manera física y cultural de reconocer con sencillez la singular relación que enmarca el pacto. De un lado, está el Dios Todopoderoso; y del otro, el patriarca, que reconoce el poder y la autoridad de ese Dios soberano. Y ante el poder divino se muestra el respeto humano.

Evidentemente, esta sección de la vida de Abraham pone de relieve la naturaleza de la relación entre Dios y el patriarca. Posiblemente, por experiencias como las que se relatan en estos versículos bíblicos, es que en el libro de Crónicas se reconoce a Abraham como "amigo de Dios" (2 Cr 20:6-7). Además, en esa dinámica de reconocimiento de la intimidad es que el profeta Isaías declara: "Pero tú, Israel, mi siervo, tú, Jacob, a quien he escogido, descendiente de Abraham, mi amigo" (Is 41:8). Y ese es también el fundamento de la teología neotestamentaria referente a esta peculiar amistad entre Abraham y Dios (St 2:23).

Abram y Abraham

Como parte de la nueva revelación divina del pacto la narración bíblica incluye un elemento novel en la transformación del patriarca: "Dios cambia su nombre" (Gn 17:5-8). El nombre original era Abram, que significa "padre enaltecido"; y el nuevo nombre es Abraham, que representa la idea de "padre de muchas naciones". Y ese cambio onomástico es más que una decisión superficial o una conveniencia histórica: simboliza una nueva razón de ser y un nuevo proyecto de vida. Se inicia, de esta forma, un nuevo capítulo en la vida del patriarca, y comienza una etapa novel en la familia de Abraham cuando las promesas divinas comienzan a cumplirse.

Los cambios de nombres en la Biblia son signos de transformaciones profundas en la identidad y vida de las personas. Esas singulares experiencias revelan cambios sustanciales en los personajes bíblicos, pues marcan momentos de renovaciones espirituales y muestran proyectos de vida noveles. Más que un cambio superficial de conveniencia lingüística, las renovaciones de nombres en las Sagradas Escrituras apuntan hacia transformaciones profundas en las personas.

El cambio de nombre puede también ser indicador de una nueva visión o una misión renovada. En la cultura bíblica, el nombre es mucho más que una etiqueta superficial de identificación, pues está íntimamente relacionado con el carácter y la esencia misma de las personas. Además, los nombres están orientados hacia el propósito fundamental en la vida, revelan características de las personas que los poseen. Y estos cambios también pueden ser indicaciones de renovaciones en las relaciones divino-humanas, y de redefiniciones en el sentido de dirección de las personas. Inclusive, pueden ser indicaciones de nuevos comienzos y de sentidos de dirección renovados.

Además de Abraham (Gn 17:55-8), la Biblia incluye otras personas a las cuales el cambio de nombre tiene implicaciones teológicas de importancia. Y la lectura sosegada de los relatos que presentan estos cambios, pone de relieve la naturaleza y extensión de los cambios que experimentan y se manifiestan en esos personajes luego recibir sus nombres nuevos. Por ejemplo, Saraí a Sara (Gn 17:15); Jacob a Israel (Gn 32:28); Oseas a Josué (Nm 13:16); Simón a Pedro (Jn 1:42) y; Saulo a Pablo (Hch 13:9). Todos esos cambios revelan transformaciones personales y renovaciones espirituales con implicaciones teológicas, éticas, morales y espirituales de importancia capital. Un cambio de nombre es signo de alguna transformación que no puede ser ignorada o subestimada.

Los nombres Abram y Abraham, desde la perspectiva lingüística, pueden ser dos formas dialectales para identificar a una misma persona. Sin embargo, desde el ángulo teológico, la narración bíblica desea destacar la transformación sustancial que experimentó el patriarca como secuela de la revelación divina. Los pactos con Dios, en efecto, tienen implicaciones muy serias. Y este relato en referencia al patriarca es una manera de destacar que los cambios que se producen en las personas, luego de las revelaciones divinas, no son superficiales: son transformaciones sustantivas que modifican la naturaleza interior de las personas y reestructuran los procesos decisionales, las comprensiones de la existencia y las prioridades en la vida.

El cambio de nombre en la narración asociada a la reiteración del pacto divino-humano es seguido por una serie de promesas de Dios a Abraham. A las tradicionales promesas divinas asociadas al pacto, en esta sección se añaden otros elementos adicionales de importancia: p.ej., el pacto será eterno, la descendencia del patriarca heredará la tierra de Canaán, y la relación entre los herederos de Abraham y el Dios bíblico será por todas las generaciones.

La lectura detallada del texto bíblico revela un sentido de urgencia y de afirmación divina. En esta sección las instrucciones del Señor presentan algunos verbos imperativos que se dirigen específicamente a Abraham: "anda delante de mí" (Gn 17:1), "sé íntegro" (Gn 17:1), "cumple con el compromiso" (Gn 17:9) y, "circuncida a todos los varones de tu casa" (Gn 17:10-14).

La esencia fundamental de esas directrices divinas y acciones humanas, ponen en clara evidencia no solo la importancia teológica del pacto, sino que revela con claridad las implicaciones de ese especial compromiso en relación con los valores éticos, espirituales, morales y familiares. Para el texto bíblico, la revelación de Dios tiene un sentido de urgencia, que es un factor sicológico de suma importancia que se manifiesta en el relato.

La circuncisión

Como signo de compromiso y obediencia a Dios, los varones de la casa de Abraham de todas las generaciones debían circuncidarse. Era una señal de afirmación de este especial pacto divino-humano.

En este nuevo relato, donde se reitera el pacto de Dios con el patriarca, que salió de la seguridad que le brindaban sus familiares y las tierras de sus antepasados (Gn 12:1-9), se introduce una señal de fidelidad y obediencia. Y este signo novel de identidad, de acuerdo con las narraciones bíblicas, sería la prueba física de los compromisos éticos, morales y espirituales de Abraham y su descendencia: la circuncisión.

Esa señal del compromiso del pacto requería que todos los varones se circuncidaran no como un extra optativo o alternativa ideal, sino como un requisito indispensable. Además, las mismas instrucciones divinas incluían algunas especificaciones, entre las que estaban que se llevara a efecto a los ocho días de nacidos; también debían incluir a los extranjeros que vivieran en la comunidad y a los esclavos de la casa. No era una ceremonia exclusivista ni elitista, sino un reclamo divino a toda la comunidad varonil.

En esta narración, el signo del pacto es la circuncisión, aunque anteriormente la señal del pacto divino-humano con Noé era el arco iris (Gn 9:1-17). Referente a la señal de la circuncisión es menester entender que, ya no se trata de una simbología en la naturaleza, sino que era algo que se hacía en el cuerpo, que era una manera de destacar su importancia y sentido de inmediatez. Esa señal física, esa marca del pacto, será un recordatorio perpetuo de la relación íntima que los descendientes de Abraham van a tener con Dios. Y la referencia a que la ceremonia estaba asociada a los genitales de los varones, destaca una vez más la importancia de la procreación y el propósito de tener una descendencia numerosa.

La circuncisión es una práctica muy antigua en el Oriente Medio, que proviene de muchos años antes del desarrollo de las religiones asociadas con el patriarca Abraham. Y aunque tradicionalmente este tipo de ceremonias se relacionaba con ritos de purificación, consagración o limpieza, los componentes religiosos se destacan.

Referente a esta práctica en el antiguo Egipto, parece estar relacionada a las ceremonias de purificación y limpieza física, además de constituir ritos asociados a la madurez sexual. Entre algunos grupos cananeos y fenicios, también se practicaba la circuncisión, aunque los filisteos se identifican como "incircuncisos" de forma peyorativa (1 S 14:6), tampoco los asirios seguían esta tradición. Y entre los siguientes grupos étnicos, la circuncisión era una realidad cultural: edomeos, amorreos, moabitas, amonitas, y también entre varias tribus árabes y nubias.

La práctica de la circuncisión es una de las intervenciones quirúrgicas más antiguas que se conocen. Se trata esencialmente de la remoción física del prepucio, o la piel que cubre el glande o la piel exterior al extremo del pene. El proceso puede tener alguna finalidad médica, higiénica o religiosa. Y luego de constituir un signo histórico y espiritual del pacto del pueblo de Abraham con Dios, la práctica de la circuncisión se relaciona con los hombres comprometidos con la bondad y la fidelidad, y los que no practican este singular rito se relacionan a la impiedad e infidelidad.

Referente a la práctica de la circuncisión, los estudiosos bíblicos han tratado de identificar algunas implicaciones significativas, tanto de orden teológico como espiritual. Como el procedimiento se lleva a efecto en el órgano viril masculino, y una de las motivaciones puede ser la higiene, la circuncisión revela que en el corazón mismo de las personas hay impurezas que deben ser limpiadas y eliminadas. Además, el acto revela una entrega intensa a Dios (Jr 4:4). Estas ceremonias eran tan importantes que para participar de la fiesta de la Pascua había que estar circuncidado (Ex 12:48), y también para adorar en el Templo (Ez 44:9; Hch 21:28-29).

Desde una perspectiva teológica, el acto de circuncisión física por sí mismo no tenía mucho valor espiritual, si no se transformaba y renovaba el corazón (Jr 9:25-26). Esta singular ceremonia debía tocar el corazón de los varones para ser una manifestación de amor hacia Dios. Las dinámicas alrededor de este tipo de ceremonias religiosas de circuncisión debían estar fundamentadas en la fe y la obediencia a Dios, además de estar comprometidas con la afirmación y la obediencia del pacto.

En el Nuevo Testamento se afirma que "los oídos no circuncidados" incentivan la desobediencia (Hch 7:51); además, la circuncisión que espiritualmente Cristo opera en las personas hace que rechacen el pecado y superen la maldad (Col 2:11). Para Pablo, lo más importante en la vida es la fe que se manifiesta en el amor, y esas dinámicas valen más que la circuncisión o la incircuncisión (Gl 5:6). Y el sabio apóstol, referente a la experiencia de Abraham, dice también que el patriarca se circuncidó como señal y sello de que vivía la justicia que se fundamentaba en la fe (Rm 4:11).

Saray y Sara

El relato bíblico del pacto divino con Abraham toma un giro inesperado cuando las bendiciones divinas ya no están dirigidas al patriarca, sino a su esposa Sara. Dios va a bendecir también a la esposa de Abraham en medio de una sociedad donde las mujeres no jugaban papeles protagónicos. Y la palabra del Señor fue clara y directa: "por medio de Sara, Dios va a cumplir la promesa de una descendencia numerosa" (Gn 17:16). El Dios bíblico responde de forma efectiva a sus compromisos, además de incorporar en el proceso a personas subestimadas o ignoradas en la sociedad.

La bendición divina, en esta narración escritural, llegaría al patriarca por medio de su esposa principal, Sara. En efecto, la misma Sara que trató de "ayudar" en el proceso del cumplimiento de la promesa divina, consiguiéndole a Abraham una esposa secundaria (Gn 16:1-16), es la que en este relato se convierte en el agente indispensable para el cumplimiento de la voluntad divina. Y esa bendición será de tal magnitud (Gn 17:16), que Sara se convertirá en madre de naciones y reyes, que es una fraseología hiperbólica similar a la que previamente Dios le había hablado al patriarca (Gn 17:6-7).

En ese contexto de revelaciones extraordinarias, y como una muestra adicional del poder divino, el nombre de Sara también es transformado. Anteriormente ella era identificada como Saray, pero desde ese momento en adelante se debería conocer como Sara, que significa "princesa". Desde la óptica del lenguaje y la semántica, son dos variantes del mismo nombre, sin embargo, el deseo divino del cambio es una manera de destacar un comienzo nuevo en la vida de esta mujer, que ciertamente era una princesa, una mujer de belleza, bendición y poder, aún en una etapa de edad avanzada.

Referente a la revelación divina, Sara es la única mujer en la Biblia a la que Dios cambió el nombre; además, como parte del proceso, transformó su vientre, pues la preparó para que pudiera ser madre (Gn 17:16). Y el texto bíblico, para destacar aún más la espectacular acción divina, afirma que Sara no solo será madre de un hijo, sino que lo sería de naciones y de reyes.

El cambio de nombre de Saray pone claramente de manifiesto el poder divino. El Dios de Abraham, conocido como el Todopoderoso, es el único que tiene el poder, la autoridad y el compromiso de mover y transformar las realidades de Sara. De ser una mujer estéril y herida por los prejuicios de su comunidad, llegó a ser la madre de multitudes y de monarcas, y de ser un instrumento de bendición para la historia. ¡Y esa nueva realidad se manifestaba a una edad bien avanzada! ¡Los años no impidieron la manifestación plena de la voluntad de Dios y del cumplimiento de la promesa al patriarca!

La revelación divina a Abraham y Sara es una manifestación adicional del Dios Todopoderoso que se mostró inicialmente al patriarca al comienzo mismo de la reiteración y confirmación del pacto (Gn 17:1). Esta expresión adicional de la voluntad divina demuestra que el Señor tiene la capacidad de prometer y también que posee el deseo de cumplir sus palabras. El cumplimiento de la promesa divina, en este caso, va en contra de la naturaleza humana, pues los protagonistas de estas narraciones bíblicas ya no estaban en la edad adecuada para la procreación desde la perspectiva natural.

De esa forma se prepara el ambiente personal, familiar y nacional para el nacimiento de Isaac. La procreación de este hijo, más que un nuevo heredero en alguna familia constituye el cumplimiento pleno de las promesas divinas. Además, de ser el comienzo de un desarrollo histórico que culminará con la bendición de multitudes.

Nacimiento de Isaac

Las narraciones asociadas a Abraham están muy bien redactadas. Tienen sentido de dirección temática, incorporan la intriga como un buen recurso literario, y la sorpresa juega un papel educativo singular. En esa ocasión, y en el contexto de las revelaciones divinas que incorporan a Sara en el plan divino de cumplir la promesa a Abraham, el relato bíblico toma un giro impredecible. De manera repentina, cuando Dios mismo está afirmando su bendición a Sara, el famoso patriarca se rio, posiblemente por incredulidad o quizá por asombro (Gn 17:17).

El fundamento de la risa de Abraham no está totalmente esclarecido. Quizá esa risa fue producto de la alegría de ver que la promesa se iba a hacer realidad. Otra posibilidad se desprende es de la dinámica y el contexto inmediato del relato, que sugiere, más bien, la incredulidad y el reconocimiento de la edad avanzada que vivían el patriarca y su esposa. En este caso, la impresión que recibe el lector es que Dios está interesado en desafiar los límites de las realidades personales y la fe del patriarca y su esposa.

Abraham cuestiona sinceramente la iniciativa divina. ¿Cómo es posible que un hombre de cien años y una mujer de noventa, puedan concebir? Y la pregunta no solo estaba relacionada con las dinámicas humanas de la procreación, sino con lo avanzado en años que estaban en la vida como para comenzar a desarrollar una familia funcional. El desarrollo de familias saludables requiere tiempo, energía y sabiduría, que el tiempo hiere en las personas.

A sus preguntas, Abraham añade una declaración: "¡Concédele a Ismael vivir bajo tu bendición!" (Gn 17:18). Esa declaración, ante el deseo divino de incorporar a Sara en el proyecto de una descendencia numerosa, era una manera de afirmar la bendición divina, y aceptar a Ismael, el hijo de Agar, como heredero de la promesa fundamental de tener una descendencia numerosa. Era una manera de reconocer como buena la iniciativa divina, a la vez que entendía y aceptaba las realidades humanas.

Quizá la intención del patriarca fue afirmar que estaba satisfecho con el hijo de la esposa sustituta. Sin embargo, la respuesta divina no se hizo esperar al reafirmar que Sara era el instrumento divino seleccionado para mover a la realidad la promesa divina básica al patriarca. La esclava no era el carril divino para bendecir a su descendencia y la humanidad, sino su esposa. Aunque Dios también estaba comprometido con la bendición de Agar.

La palabra de Dios fue clara y directa: a través de Sara, el patriarca tendría otro hijo, y su nombre sería Isaac. Este singular nombre se asocia con la risa que es, posiblemente, una referencia a las actitudes de Abraham y Sara al recibir la palabra de Dios referente a su próximo hijo (Gn 17:17). Posteriormente, el tema de la risa se relaciona con Isaac en dos ocasiones adicionales (Gn 18:21; 21:6).

La revelación divina continua. Será Sara la madre del heredero de las promesas divinas al patriarca y la bendición que estaba originalmente para Abraham y su descendencia, ahora llegará a Isaac. El mismo Dios va a establecer el pacto con el hijo de Sara para preparar el camino para la descendencia numerosa, que formaba parte de la promesa original. Y aunque Ismael también recibiría la bendición divina, el heredero del pacto sería Isaac.

En este contexto, la narración bíblica toma seriamente en consideración a los dos hijos de Abraham. El relato responde a las preocupaciones asociadas con los herederos del patriarca. Ismael, el hijo de Agar, en efecto, recibirá la bendición divina en términos de fecundidad, para tener una descendencia numerosa. Sin embargo, la continuidad del pacto con Abraham lo heredará directamente Isaac, el hijo de Sara. Y una vez terminó este diálogo, de acuerdo con el testimonio bíblico, Dios "subió" y se alejó de Abraham, y culmina de esta manera la sección de revelación divina que había comenzado con la manifestación del Dios Todopoderoso (Gn 17:1).

La referencia a que Ismael será el padre de doce gobernantes destaca lo fructífero de la bendición divina. El número doce alude a algo completo, bien organizado y efectivo, que será parte del cumplimiento de la promesa divina a Israel (p.ej., las doce tribus de Israel y los doce discípulos). Aunque el heredero de la promesa, con implicaciones mesiánicas es Isaac, Dios no se olvidó de Ismael. Y esa dinámica intrafamiliar pone de manifiesto la responsabilidad divina, además de su soberanía que son dos de sus características éticas y espirituales más importantes.

Una vez finalizó el diálogo divino-humano de Dios con Abraham, el patriarca procedió a circuncidar a Ismael, a toda su familia y a los siervos nacidos en su casa, junto a los que habían sido comprados. Ese fue un acto de obediencia divina que pone claramente de relieve que la conversación del patriarca con el Señor produjo los frutos esperados.

Como resultado de las revelaciones de Dios y de los diálogos divinos-humanos, Abraham procedió a circuncidarse a sus noventa y nueve años; e Ismael, con solo trece años, también fue parte de esa ceremonia de compromiso y obediencia ante Dios. Y lo que comenzó con la revelación divina para afirmar y reiterar el pacto divino (Gn 17:1), finalizó con un gesto de obediencia y fidelidad de parte del patriarca (Gn 17:27).

Capítulo seis
Anuncio del juicio a Sodoma y Gomorra

Luego aquellos visitantes se levantaron
y partieron de allí en dirección a Sodoma.
Abraham los acompañó para despedirlos.
Pero el Señor dijo para sus adentros:
"¿Ocultaré a Abraham lo que estoy por hacer?
Es un hecho que Abraham se convertirá
en una nación grande y poderosa,
y en él serán bendecidas
todas las naciones de la tierra.
Yo lo he elegido para que instruya
a sus hijos y a su familia,
a fin de que se mantengan en el camino del Señor
y pongan en práctica lo que es justo y recto.
Así el Señor cumplirá lo que ha prometido".
Entonces el Señor dijo a Abraham:
—Las acusaciones contra Sodoma y Gomorra
son muchas y su pecado, gravísimo.
Por eso bajaré a ver si realmente sus acciones
son tan malas como el clamor contra ellas me lo indica;
y si no, he de saberlo.
Dos de los visitantes partieron de allí
y se encaminaron a Sodoma,
pero Abraham se quedó de pie frente al Señor.

Génesis 18:16-22

Dios visita a Abraham

En este capítulo del libro de Génesis, sobresalen dos temas de mucha importancia que tienen implicaciones teológicas fundamentales. En primer lugar, se anuncia el nacimiento del hijo de Abraham y Sara, que se relaciona con el cumplimiento de las promesas divinas (Gn 18:1-15); además, se presenta la destrucción de la ciudad de Sodoma, que ciertamente pone de relieve componentes éticos, morales y espirituales (Gn 18:16-33). De singular importancia teológica es que en este capítulo se presentan temas relacionados al comienzo y al final de la vida. Y en este singular contexto, el patriarca tiene papeles protagónicos: al comienzo del relato es anfitrión de los agentes divinos y, posteriormente, se convierte en intercesor.

La revelación divina se produce en la encina de Mamré, un lugar ubicado muy cerca de la antigua ciudad de Hebrón, en las montañas de Judea, y desde donde Abraham salió a enfrentar a los reyes mesopotámicos (Gn 14:13); además, era el lugar donde generalmente habitaba. La revelación se produce posiblemente "a la hora de más calor", que posiblemente es una referencia al medio día (Gn 18:1), que era un buen momento para descansar en el hogar.

En ese sobrio entorno climático y personal, de acuerdo con la narración bíblica, se aparecen repentinamente tres varones que sorprenden al patriarca, pues no notó cuándo llegaron ni conocía el propósito de la visita. Y en el contexto de las costumbres de hospitalidad que se practicaban en el desierto y el Oriente Medio, el patriarca los recibe con respeto, dignidad y honor (Hb 13:2).

Abraham hace varias cosas para recibir a los visitantes (Gn 18:2-8): salió corriendo a la puerta de su tienda para recibirlos con dignidad y darles la bienvenida oficial (Lc 15:20); se postró en tierra, en un acto de humildad y respeto hacia los visitantes distinguidos; ordenó traer agua para

Ciudad:	Rey:	Ciudad:	Rey:
Sodoma	Bera	Goim	Tidal
Gomorra	Birsa	Elasar	Arioc
Adma	Sinab	Sinar	Amrafel
Zeboim	Semeber	Elam	Quedorlaomer
Bela (Zoar)	-------------		
Salem	Melquisedec		

Reyes mesopotámicos en Génesis 14.

lavarle los pies a los nuevos huéspedes, que era signo de aprecio y aceptación familiar; los invitó a descansar debajo de un árbol, que propiciaba el ambiente fraternal de relajación, diálogo y amistad; y ordenó comida, para que los visitantes se alimentaran y repusieran del viaje.

La actitud y el testimonio de Abraham se muestran en los escritores del Nuevo Testamento, que incentivan la hospitalidad y las demostraciones de amor entre los creyentes y hacia los huéspedes. Las comunidades de fe, en el espíritu de las actitudes del patriarca, deben practicar esas manifestaciones de solidaridad hacia las visitas (Rm 12:13; Col 4:10; 1 Tm 3:2; Tt 1:8; 1 P 4:9). Inclusive, esos gestos de apoyo, misericordia y amor son necesarios pues, en ocasiones, sin saberlo, se "hospedan ángeles" (Hb 25:35; 13:2).

La lectura atenta del relato pone de manifiesto cierto misterio referente a los tres visitantes que tenían apariencia humana. Abraham, al recibirlos, se dirige al líder del grupo y lo identifica como "mi señor" (Gn 18:3), que es una clara demostración de distinción o, inclusive, una alusión a Dios. Y si ese es el caso, el relato presenta una revelación de Dios adicional al patriarca en medio de las realidades de la vida.

El texto hebreo de Génesis 18:3 presenta a *adonai*, que se refiere a "mi Señor" o "mi Dios", no a *adoni*, que se traduce solo como "mi señor", que revela únicamente respeto humano y dignidad. El problema exegético es hasta qué punto, en ese momento, Abraham está consciente que está inmerso en una teofanía, una revelación extraordinaria de Dios. Posteriormente, el patriarca se percató que hablaba con Dios (Gn 18:13).

La frase hebrea, que se traduce como "si este servidor suyo cuenta con su favor" (Gn 18:3), es una forma de transmitir respeto y honra. De esa manera, se habla con una persona de un nivel social, político y religioso más alto. Aunque aún el patriarca no reconocía que se trataba de una especial manifestación de Dios, reconoce la dignidad y el respeto del grupo que lo visitaba.

El elemento de intriga en el relato bíblico se pone de manifiesto en varias ocasiones. Los tres varones llegaron de forma repentina e imprevista, Abraham no se percató que se acercaban ni de dónde procedían, ni mucho menos sabía cuál era el propósito de la visita. Sin embargo, el patriarca reconoció la peculiaridad del grupo e identificó al líder, a quien se dirige con reconocimiento de autoridad como "mi Señor" (Gn 18:3). Posteriormente, la narración afirma que ese líder del grupo era Dios mismo, el Señor (Gn 18:13, 17), mientras que a los otros dos varones se reconocen como ángeles (Gn 19:1, 15). La revelación divina fue, en efecto, paulatina.

Una vez los tres varones aceptaron la bienvenida de Abraham, el patriarca se allegó a la tienda donde estaba Sara e incorporó a su esposa en los procesos y las dinámicas de hospitalidad. El propósito era demostrar la hospitalidad característica de las comunidades beduinas, al recibir y preparar la comida para los tres visitantes especiales. Y ese gesto de amabilidad y bienvenida debía demostrarse con una buena cena que incluía la preparación de panes y carnes que, en este caso, era un becerro o ternero. En efecto, el recibimiento fue cordial y Sara participó de esas dinámicas de cordialidad.

La pregunta en torno a dónde está Sara es ciertamente retórica (Gn 18:9). El presupuesto es que quien inquiere tiene el poder de reclamar dónde esta la esposa del patriarca; además, se transmite autoridad. Y ese reclamo es importante, pues incorpora a la esposa del patriarca en el diálogo que, finalmente, resultará en el cumplimiento de una muy importante promesa divina.

Los preparativos de Abraham dieron los resultados esperados. Los tres visitantes inesperados dialogaron y comieron de manera relajada debajo de un árbol que estaba cerca de la tienda de campaña del patriarca. En ese entorno de alimentación, fraternidad y camaradería, la conversación toma un giro inesperado. Los tres personajes, de acuerdo con el testimonio escritural (Gn 18:9), preguntaron por Sara. Y Abraham respondió con seguridad y hermandad: "Está en la tienda" (Gn 18:9), que era una manera de indicar que estaba haciendo sus labores de esposa y mujer de su hogar, que todo marchaba bien.

La afirmación de los visitantes fue sorpresiva y directa. En esta ocasión, responde solo el líder del grupo, que indica que volverá en próximo año, y añade, que para esa fecha ya Sara sería madre de un hijo. Ese hijo, es importante entender, era el cumplimiento de la promesa divina. En efecto, el embarazo de Sara, además de presentar los desafíos naturales de los procesos de gestación y alumbramiento, tenía una muy importante implicación teológica.

En esta narración bíblica, el Dios que se reveló a Abraham y Sara en Ur de los caldeos, hacía realidad su promesa de que tendrían una descendencia abundante, que se transformaría en una nación grande y poderosa. Una de las encomiendas de los tres visitantes de Abraham era dar el anuncio del cumplimiento de una muy importante promesa divina.

Al leer el relato, se descubren varios detalles de importancia literaria y teológica que no deben obviarse. En primer lugar, Sara estaba escuchando la conversación a la entrada de la tienda de campaña y se percató del anuncio del alumbramiento. Como ella ya había dejado de menstruar y Abraham ya era viejo, su respuesta interna fue de risa. ¡Se le hacía muy difícil entender y aceptar las palabras del visitante especial! Reconocía una realidad biológica: sus años y realidades biológicas atentaban contra la comprensión y afirmación de esas palabras. Posteriormente, en la historia bíblica, Zacarías e Isabel comparten la misma experiencia de vida (Lc 1:7), y se convirtieron en el padre y la madre de Juan el Bautista, cuya importancia teológica no puede subestimarse, pues se convirtió en el precursor del Mesías.

El carácter especial de los visitantes se pone de manifiesto nuevamente en la narración. Aunque Abraham no conocía a los visitantes, ellos sabían que estaba casado y, además, declararon el nombre de su esposa, Sara (Gn 18:9). Un aura de misterio rodea el relato, que tiene como finalidad básica poner de manifiesto la voluntad y el poder de Dios ante el patriarca, su esposa y su familia.

El contexto del diálogo de los visitantes especiales y el patriarca es singular, pues también está enmarcado por la sorpresa. La finalidad era comunicar el mensaje divino que tenía implicaciones teológicas, familiares y nacionales de gran importancia. ¡Abraham y Sara no conocían a los visitantes, pero ellos conocían muy bien a la familia patriarcal!

Sara y su risa

Las dinámicas alrededor de la reacción de Sara al escuchar la afirmación de su inminente embarazo fue de asombro e incredulidad. No solo se le hacía difícil aceptar esas palabras, sino que niega ser incrédula (Gn 18:15). ¡Ya habían pasado los días naturales donde el embarazo podía darse de manera natural! Y referente a la risa de Sara, es importante indicar que se trata de un juego de palabras, pues relaciona su reacción espontánea con el nacimiento de su hijo, específicamente con el nombre Isaac (Gn 17:19; 21:6).

En torno a la reacción de Sara, además, es importante revisar con detenimiento las narraciones bíblicas. La revelación y la promesa divina se habían dado directamente a Abraham. ¡Quizá el patriarca nunca le informó a su esposa los detalles y las implicaciones de esa revelación divina!

Esta comprensión del texto explicaría la reacción de Sara ante la revelación repentina de su embarazo.

La narración bíblica se hace más clara ante la reacción de Sara. En este contexto, es que se identifica con claridad que el líder de los visitantes era el Señor (Gn 18:13), quien habla y cuestiona la reacción de Sara. En medio de este diálogo se incluye una afirmación teológica de gran importancia en la teología bíblica: "¿Acaso hay algo imposible para el Señor?" (Gn 18:14).

Esa declaración teológica en el relato pone en evidencia clara las limitaciones humanas y las virtudes divinas. La imposibilidad es una realidad que afecta a las personas, pero que no describe las virtudes divinas: para Dios no hay nada imposible, incluyendo el embarazo de Sara y el nacimiento de Isaac, a una edad avanzada, cuando ya su menstruación había finalizado y las realidades de la edad se ponían de manifiesto de manera clara.

La palabra que tradicionalmente se traduce como "difícil", procede de una raíz hebrea que transmite las ideas de "asombro" o "admiración". De singular importancia es notar que esta palabra se utiliza en la presentación de uno de los nombres del Mesías: "Admirable Consejero" (Is 9:6). La idea que transmite el texto bíblico es que para Dios no hay nada difícil, complicado o imposible, porque el Señor "Admirable" hace cosas "admirables" y "asombrosas", y se revela de manera "admirable" y "asombrosa".

En ese contexto de revelaciones y afirmaciones divinas, y también de risas y negaciones humanas, se afirma que en un año el visitante misterioso, que ya se había revelado como el Señor, regresaría a verlos para certificar que ya Sara habría tenido su hijo. Y ese hijo, Isaac, desde la perspectiva teológica, era importante, no solo para la familia inmediata del patriarca: ¡era símbolo del poder de un Dios que promete y cumple, y de su deseo y capacidad de superar los imposibles humanos!

Y cuando Sara negó que se estaba riendo de la afirmación divina, el Señor responde con seguridad y autoridad, Sí, te reíste (Gn 18:15). Ante su actitud evasiva, el Señor responde con determinación.

Abraham intercede por Sodoma

Luego aquellos visitantes se levantaron
y partieron de allí en dirección a Sodoma.

Abraham los acompañó para despedirlos.
Pero el Señor dijo para sus adentros:
"¿Ocultaré a Abraham lo que estoy por hacer?
Es un hecho que Abraham
se convertirá en una nación grande y poderosa,
y en él serán bendecidas todas las naciones de la tierra.
Yo lo he elegido para que instruya a sus hijos y a su familia,
a fin de que se mantengan en el camino del Señor
y pongan en práctica lo que es justo y recto.
Así el Señor cumplirá lo que ha prometido". Génesis 18:16-19.

Una vez finalizan los diálogos referentes a las dinámicas internas en la familia de Abraham, un nuevo tema surge en el relato. En esta ocasión, se presenta al patriarca intercediendo por la ciudad de Sodoma. Ahora el asunto que guía el texto bíblico es una manifestación de justicia regional, específicamente en referencia a las ciudades de Sodoma y Gomorra, que forman parte de la región al sur del mar Muerto, y eran conocidas por sus actitudes pecaminosas persistentes.

Al comienzo mismo de la narración se destaca la relación entre Abraham y Dios. Antes de proseguir hacia el mar Muerto, a cotejar la naturaleza de los pecados de esas ciudades, hay una reflexión de Dios de gran importancia. Previo a intervenir de manera decisiva en esas ciudades, que se caracterizan por la maldad y la desobediencia, el Señor decide revelar al patriarca lo que iba a suceder, pues no quería que lo sorprendieran las manifestaciones del juicio divino. Y en ese contexto, Dios revela sus intenciones para restituir la justicia en Sodoma (Gn 18:17-19).

Este relato, que está muy bien redactado, revela la importancia de la justicia y la misericordia en las intervenciones divinas. No es el deseo divino que personas inocentes mueran junto a quienes rechazan la voluntad del Señor y son culpables de seguir los caminos de las injusticias y las inmoralidades. En efecto, en las intervenciones divinas, no deben perecer personas justas con las que no desean responder positivamente a los reclamos divinos, que se fundamentan en el respeto, la dignidad, el amor y la misericordia. Y esos valores se manifiestan en el resto de la Biblia (Jr 5:1; Ez 22:30).

Una vez dos de los visitantes partieron de la encina de Moré hacia Sodoma, y Abraham los despidió, comenzó el diálogo íntimo con Dios. En este contexto, se repiten las promesas divinas de que los descendientes del patriarca se convertirían en una nación grande y poderosa y que, a través de ese singular linaje, serían bendecidas todas las naciones de la tierra

(Gn 18:18). Además, el relato destaca que Abraham debía enseñar a sus descendientes los valores impostergables de la justicia y la rectitud, pues esa actitud de integridad moral y ética sería el fundamento del cumplimiento de las promesas divinas.

El Señor dice a Abraham, en ese entorno de diálogo íntimo, que las acusaciones contra Sodoma y Gomorra eran muchas y que el pecado en que vivían esas ciudades era gravísimo. El problema era complicado, pues sus comportamientos continuos revelaban apatía y rechazo a la voluntad de Dios. En la narración, se presenta a Dios preocupado e interesado en corroborar si "el clamor contra ellas" era cierto (Gn 18:21). Y la decisión divina fue "bajar" para ver si las acciones eran tan malas como el clamor contra las ciudades indicaban.

El problema del pecado de Sodoma y Gomorra, y otras ciudades aledañas, era complicado. Aunque esos pueblos habían visto y experimentado el poder divino, en la liberación que había logrado Abraham ante la invasión de los reyes mesopotámicos, decidieron apartarse de los valores éticos, morales y espirituales representados por el Dios del patriarca. Y la gravedad de la crisis consistía en que esas ciudades no tenían excusas para rechazar la voluntad divina, pues ya habían experimentado el poder de Dios y la misericordia del Señor en medio de la crisis con los monarcas invasores.

El diálogo entre Dios y Abraham pone de manifiesto claramente una evidente dinámica de amistad. En el relato, la decisión divina de revelar a Abraham sus planes confirma su intimidad con el patriarca. ¡La amistad verdadera comparte secretos y proyectos de vida! Y Abraham era amigo de Dios. Quizá este fue el modelo y fundamento de las relaciones interpersonales que vivió Jesús de Nazaret al afirmar que sus discípulos ya no serían siervos, sino amigos (Jn 15:15).

La importancia del diálogo divino-humano y la intercesión de Abraham se relaciona, posiblemente, con las implicaciones de las decisiones de Dios referente a Sodoma y Gomorra. La gran pregunta asociada a los planes divinos estaba en la afirmación de la justicia. ¿Dónde estaba la justicia de Dios, si en el proceso las personas buenas perecían como la gente cautiva en el pecado? ¿Cómo se manifestaría la misericordia divina en la implantación de su voluntad? ¿Cuáles eran las enseñanzas a la gente de fe de esas acciones punitivas de parte del Señor?

La lectura cuidadosa del relato afirma la importancia de la responsabilidad educativa del patriarca con las generaciones futuras. El pacto con Abraham tiene implicaciones pedagógicas que van de generación en generación. El patriarca debía vivir y enseñar a sus descendientes las implicaciones éticas del compromiso con Dios. Y aunque el pacto era una iniciativa divina incondicional, Abraham tenía una responsabilidad ética, moral y espiritual de transmitir a su familia los valores indispensables que caracterizaban esa amistad con Dios.

Esa responsabilidad educativa, que se presupone en él diálogo entre Dios y Abraham, es un tema relevante en las narraciones bíblicas. Posteriormente en la historia, esas virtudes que, ciertamente tienen implicaciones en el carácter de las personas, se transmiten de generación en generación en la intimidad del hogar (Dt 6:6-7; Pr 1:8), pues en ese ambiente íntimo de sobriedad y seguridad es que se optimizan los procesos educativos. En efecto, la responsabilidad primordial de la enseñanza de valores que se desprenden de la revelación divina era de los padres (Gn 18:19).

La referencia a que Dios "eligió" o "escogió" a Abraham (Gn 18:19) para que fuera el agente educativo familiar es de suma importancia en la narración. El verbo hebreo que se utiliza en el texto bíblico es "conocer", que presupone una relación de respeto e intimidad saludable. De acuerdo con la narración bíblica, Dios mismo escogió y comisionó al patriarca para ser un eslabón de importancia en los procesos de formación, información y transformación de su familia. Y de estas dinámicas emocionales y espirituales es que se desprende la importancia de la educación en el hogar para que las personas sean exitosas en la vida.

Referente al pecado de las ciudades de Sodoma y Gomorra, el texto bíblico utiliza la palabra hebrea que se traduce como "clamor", para describir la naturaleza de las acciones del pueblo. En la Biblia hebrea, esta palabra se utiliza con regularidad para describir el dolor de las comunidades cautivas por sus opresores. Y ese "clamor", en el relato de la intercesión de Abraham, puede ser producto de las acciones pecaminosas de las ciudades que llegaban a la presencia divina para reclamar justicia: las acciones humanas impropias demandaban las intervenciones divinas, que en este caso eran de juicio.

La intercesión

Al enterarse de los planes divinos, Abraham decide intervenir. El patriarca reconoce la autoridad divina para evaluar y responder a las acciones humanas, además de aceptar los elementos de integridad y rectitud en los planes de Dios. El problema que plantea Abraham se relaciona directamente con la justicia divina hacia las personas inocentes involucradas en estas manifestaciones de juicio divino.

El patriarca reconoce que, en efecto, las ciudades son pecadoras y que son merecedoras de esas acciones divinas. Sin embargo, argumenta Abraham que es posible que entre los ciudadanos de esas comunidades se encuentren algunas personas justas que no deberían sufrir por unas acciones pecaminosas que no los representan. En el análisis, la presencia de gente justa en la ciudad podía tener repercusiones disuasivas ante Dios.

La intercesión de Abraham comienza con la identificación de cincuenta personas justas en Sodoma, que tendrían la capacidad de evitar el juicio divino. Posteriormente, el número de justos va disminuyendo al reconocer las complejidades de la crisis moral y espiritual de los ciudadanos de esas comunidades. Al comienzo de la intercesión, el número de posibles justos es cuarenta; luego, treinta; más tarde, veinte y; finalmente, diez.

El presupuesto ético y teológico en las palabras intercesoras de Abraham es que la presencia de hombres y mujeres de bien en la ciudad tiene la capacidad de detener el juicio divino. El patriarca entendía, en sus argumentos ante Dios, que la piedad era más poderosa que la maldad. Y fundamentado en esa convicción, se allega ante Dios para implorar misericordia y justicia para las personas inocentes.

El relato de la intercesión de Abraham por Sodoma es de suma importancia teológica en las Sagradas Escrituras. El texto presenta a una persona de fe en diálogo con Dios, con la clara intención de detener el juicio divino en medio de una comunidad caracterizada por el pecado y la infidelidad. También demuestra su preocupación por la vida de su sobrino Lot y sus familiares, su compromiso con la vida, su deseo de restauración y su anhelo de paz. Y sus afirmaciones revelan los valores de la fe, el amor y la esperanza que poseía, además de poner de relieve su compromiso con la justicia y la dignidad humana.

Para el patriarca, la fe se debía manifestar en los momentos de adversidad óptima de individuos y pueblos. Y el caso de Sodoma y Gomorra era ideal para estas reflexiones: en momentos de crisis, juicios y desesperanzas la gente de fe no debe desorientarse.

Ese diálogo divino-humano no es un regateo fundamentado en las conveniencias personales, sino una preocupación seria por la implantación de la justicia y la revelación de la naturaleza de Dios; además, estas con-versaciones son importantes por la seguridad e integridad de personas inocentes. En estos diálogos intercesores se revela un respeto serio hacia la vida, que no podemos menospreciar.

La gran pregunta que presupone el relato es: ¿será capaz un Dios justo de destruir a toda una comunidad, que tiene diversos tipos de per-sonas, por el pecado de solo un sector irresponsable y pecador del pueblo? ¿Dónde está la justicia, el amor y la misericordia en esas acciones divinas? ¿Qué papel jugaba la compasión y la rectitud en esas dinámicas? ¿Hasta dónde pueden llegar las manifestaciones de la ira y del juicio del Señor?

Referente a los juicios divinos a las comunidades, el caso de Abra-ham se puede relacionar con la experiencia de Noé (Gn 6:1–9:28). Como en los días del diluvio, Dios dio oportunidad al pueblo a que procediera al arrepentimiento. Y en ese contexto bíblico inicial, la salvación llegó a la familia de Noé, pues la comunidad decidió rechazar el llamado divino.

Posteriormente, Elías también intercedió por el pueblo en un mo-mento de crisis nacional (1 R 18:41-46). Y esa intercesión fue fundamen-tal en la historia del pueblo de Israel en los días del profeta Elías, el rey Acab y su esposa, Jezabel.

En los evangelios, una de las oraciones más importantes, que se rela-cionan directamente con Jesús de Nazaret, se identifica en círculos acadé-micos como "el testamento de Jesús" (Jn 17:1-26), pues presenta su última voluntad entes de enfrentar la muerte. Y en ese importante clamor, el Se-ñor intercede por sus discípulos, para que puedan mantener la fe en ins-tantes de desafíos mayores y adversidades críticas.

En efecto, la intercesión de la gente de Dios es importante en las narraciones bíblicas, pues pone claramente de manifiesto el anhelo y el compromiso de las personas de fe que buscan el bienestar y la paz, tan-to para los individuos como para las comunidades. También esas narra-ciones bíblicas revelan la importancia de la implantación de la justicia, como resultado de las acciones humanas, entre las que se reconoce como las oraciones intercesoras. La justicia no es un elemento secundario en la revelación de Dios, por esa razón es que Jesús de Nazaret afirmó: "Más bien, busquen primeramente el reino de Dios y su justicia, entonces todas estas cosas les serán añadidas" (Mt 6:33).

En torno a Lot, el Nuevo Testamento afirma que era un hombre jus-to (2 P 2:7), aunque habitaba en medio de una ciudad conocida por el pecado, la maldad y la injusticia. Posiblemente, el fundamento primario de la intercesión de Abraham era la preocupación inmediata por su sobrino Lot. Basado en ese caso específico, de una buena persona que habitaba en un lugar inadecuado, posiblemente es que el patriarca desarrolló sus argumentos intercesores ante Dios.

Finalmente, el juicio divino llegó a esas ciudades, sin embargo, la intercesión del patriarca no fue en vano. Tanto Lot como su familia lograron salvarse de la ira divina y la destrucción de las ciudades, aunque la esposa de Lot no pudo superar los desafíos y las tentaciones de dejar la ciudad en la cual habitaba. No pudo emprender una nueva vida hacia el futuro (Gn 19:26), pues su conexión con el pasado le impidió proyectarse al futuro con seguridad y libertad.

La narración del anuncio del juicio a las ciudades de Sodoma y Gomorra finaliza con respeto y dignidad (Gn 18:33). Dios prosigue su camino para ejecutar el juicio anunciado y Abraham regresa a sus responsabilidades cotidianas desde la encina de Mamré (Gn 18:1-15). Implícito en el relato es que el juicio divino se llevaría a efecto, pues los ciudadanos de esas ciudades decidieron no prestar atención a la revelación divina y seguir por el camino de la infidelidad y la injusticia.

Capítulo siete
La destrucción de Sodoma y Gomorra

Caía la tarde cuando los dos ángeles llegaron a Sodoma.
Lot estaba sentado a la entrada de la ciudad.
Al verlos, se levantó para recibirlos
y se postró rostro en tierra.
Dijo: —Por favor, señores,
les ruego que pasen la noche en la casa de este servidor suyo.
Allí podrán lavarse los pies
y mañana al amanecer seguirán su camino.
—No, gracias —respondieron ellos—.
Pasaremos la noche en la plaza.
Pero tanto les insistió
que fueron con él y entraron en su casa.
Allí Lot preparó una buena comida,
les hizo panes sin levadura y ellos comieron.
Aún no se habían acostado
cuando los hombres de la ciudad de Sodoma rodearon la casa.
Todo el pueblo sin excepción,
tanto jóvenes como ancianos, estaba allí presente.
Llamaron a Lot y le dijeron:
— ¿Dónde están los hombres
que vinieron a pasar la noche en tu casa?
¡Échalos afuera!
¡Queremos tener relaciones sexuales con ellos!

Génesis 19:1-5

Los ángeles de Dios llegan a Sodoma

Los dos varones que visitaron a Abraham y a Sara, que en este relato se identifican explícitamente como "ángeles" (Gn 19:1), siguieron su camino hacia la ciudad de Sodoma. Tenían una encomienda difícil y complicada: llevar a efecto el juicio divino por la maldad, el pecado y la infidelidad de los ciudadanos de esa ciudad. Posiblemente llegaron primero a Sodoma y, específicamente, a la casa de Lot, como una muestra inicial de la misericordia divina y también como resultado de la intercesión de Abraham.

Los ángeles, en las Sagradas Escrituras (en hebreo *anzalak* y en griego *ággelos*), son seres espirituales que transmiten la voluntad divina a las personas. No son agentes independientes, sino dependientes de la voluntad divina, que comunican el mensaje de Dios a la humanidad en momentos especiales. Son personajes que tienen cierta importancia en la revelación divina a la humanidad, en la historia de la salvación. Y no son seres que deambulan en la historia esperando ser llamados por las personas, sino representantes del Señor que, de acuerdo con las narraciones bíblicas, llevan a cabo encomiendas especiales y significativas.

La creencia en los ángeles estaba ampliamente difundida en las culturas orientales antes de los períodos bíblicos, y también en los tiempos bíblicos y posbíblicos. En las tradiciones patriarcales y del éxodo, por ejemplo, los ángeles son importantes agentes divinos que, por voluntad de Dios, llevan a efecto alguna tarea singular y significativa (Gn 16:7-12; 19:1-15; 22:11-15; 28:12; 31:1-10; Ex 3:2; 14:19; 23:20; Nm 22:22).

En las narraciones bíblicas que presentan al Señor como rey universal, los ángeles son los servidores que están alrededor del trono, en señal de reconocimiento de autoridad. Uno de los nombres en hebreo de Dios más importantes, Señor *Sebaoth*, significa Señor de los ejércitos, y se refie re probablemente a las huestes angelicales (Jos 5:13; 1 R 22:19; Am 3:13; Sal 24:10; 1 S 1:3, 11; Os 12:6).

La lectura cuidadosa de la narración a estudiar pone claramente de manifiesto que la gestión del patriarca había dado frutos. Los ángeles no ejecutaron la orden divina de manera inmediata, sino que llegaron primeramente a la casa de Lot para invitarlo, junto con su familia, a salir de la ciudad, y de esa manera evitarles el juicio divino y la destrucción que se acercaba. Esa era una manera de poner en evidencia la misericordia del Señor y también constituía una forma de honrar los diálogos intensos entre Abraham y Dios. ¡La intercesión de Abraham rindió los frutos pertinentes a la hora apropiada!

La referencia a que "Lot estaba sentado a la entrada de la ciudad" (Gn 19:1), revela que el sobrino del patriarca era una de las personas distinguidas de la ciudad. Lot no solo era reconocido como un ciudadano regular en la comunidad sino que, como "anciano" de la ciudad, sus opiniones, decisiones y recomendaciones eran muy apreciadas y respetadas. Y la "puerta de la ciudad" era un lugar prominente, donde se trataban temas de importancia capital para la ciudad: p.ej., asuntos legales, temas teológicos, transacciones comerciales, dinámicas económicas, resolución de conflictos y juicios.

Una vez más, el relato bíblico pone de relieve las dinámicas asociadas a las demostraciones de hospitalidad en el Oriente Medio. Lot no distinguió la sobrenaturalidad de los personajes que lo visitaban. Sin embargo, al verlos llegar, se inclina ante ellos, en un buen gesto de aprecio y bienvenida, y los invita a su hogar para hospedarlos y lavarles los pies, que eran formas concretas de manifestar el respeto debido a las visitas.

La primera reacción de los varones, que aún no eran reconocidos por Lot como ángeles o como seres espirituales de parte de Dios, fue de rechazo a los ofrecimientos de respeto y fraternidad. De acuerdo con el texto bíblico, preferían quedarse en la "plaza" de la ciudad, en una referencia a pasar la noche a la intemperie. Sin embargo, ante la insistencia de Lot, finalmente, decidieron aceptar la oferta. Lot, no solo los recibió con dignidad al llamarlos "mis señores" (Gn 19:2), sino que preparó un banquete para que se alimentaran bien, antes de descansar y proseguir el camino en la mañana. Y de esta forma, Lot tiene la oportunidad de hospedar ángeles, como previamente había hecho su tío Abraham.

Las acciones del pueblo y las respuestas de Lot

De acuerdo con el relato bíblico, antes de que los ángeles pudieran retirarse para pasar la noche y descansar, la casa de Lot fue rodeada por gente del pueblo, jóvenes y ancianos, que exigían que sacara los dos visitantes y se los entregaran para "conocerlos" (Gn 19:5), expresión que en hebreo significa tener relaciones sexuales.

La narración se preocupa por indicar que todo el pueblo estaba reunido frente a la casa de Lot. Y este singular detalle en el relato revela que todo el pueblo estaba involucrado en el rechazo a la voluntad divina; además, apunta hacia el hecho de que entre los pecados capitales de los ciudadanos jóvenes y adultos de Sodoma, o los sodomitas, se podían identificar la depravación sexual, las violaciones, la violencia, el irrespeto a la dignidad humana, y el rechazo claro a las leyes y las tradiciones de hospitalidad.

En medio de la crisis, Lot estaba abrumado y desorientado, pues no deseaba desacatar las tradiciones de hospitalidad que reclamaba la cultura, además de afirmar el respeto que se debe dar a las personas, que en este singular caso eran visitantes angelicales. El sobrino del patriarca quería defender la vida, el honor y la integridad de los dos varones que le acompañaban, aunque todavía no se había percatado de la naturaleza espiritual de los visitantes ni de la importante tarea que venían a llevar a efecto en la ciudad de parte de Dios.

La reacción de Lot, en medio de los forcejeos y las tensiones, no fue la más sobria, prudente, justa ni efectiva. Para salvar la dignidad de los dos visitantes, el sobrino de Abraham, confundido y amedrentado por la turba infame que rodeaba su casa, ofreció sus dos hijas vírgenes con la finalidad de que el pueblo detuviera sus deseos de violar y deshonrar a los dos varones que lo visitaban.

La decisión irracional y oferta descabellada de Lot, ante una crisis mayor de vida o muerte, no puede justificarse ni explicarse con sabiduría. Quizás esta reacción se puede asociar a la creencia antigua de que proteger la vida de los huéspedes era más importante que la dignidad de las mujeres (Jc 19:23-24). Y aunque esa pudo haber sido la razón, no hay manera de justificar una decisión que implicaba el deshonor y, posiblemente, la muerte de sus hijas. ¡Las hijas, y las mujeres en general, no son objetos que se pueden manipular a conveniencia propia! ¡Nunca pueden ser objeto de negociación! ¡Nunca deben ser violadas, heridas, ofendidas ni angustiadas!

El ofrecimiento de Lot no detuvo a los sodomitas, que estaban decididos a violar a los varones que llegaron a la ciudad, ignorando las costumbres de dignidad, respeto y honor a los huéspedes. La turba inmisericorde no tenía idea en torno a la naturaleza espiritual de esos visitantes, y desconocían las responsabilidades que los visitantes de parte de Dios debían llevar a efecto en la ciudad.

En medio de las confrontaciones, los ciudadanos de Sodoma rechazaron la autoridad y las intervenciones de Lot, ¡pues lo identificaron como un extranjero que intentaba decirle a los ciudadanos de la ciudad lo que debían hacer! En ese contexto de violencia y hostilidad, el pueblo dijo que iba a tratar a Lot peor que a los visitantes. Y se lanzaron en contra del sobrino de Abraham, y en el forcejeo, se acercaron a la puerta con intenciones claras de derribarla, entrar a la casa y tomar a los dos varones visitantes por la fuerza.

La narración bíblica en este momento presenta un punto extraordinario de intriga. Frente a un grupo lleno de ira, violento y decidido a cometer un crimen de violación contra dos personas inocentes, la intervención divina se hace realidad. Los dos visitantes dejan de actuar con pasividad, ayudaron a Lot a entrar en la casa para superar la violencia de la turba, y dejaron ciegos a los jóvenes y ancianos que se agolparon contra la puerta de la casa. Y esa intervención divina desorientó al grupo, que ya ni podía encontrar la puerta para entrar a la casa.

Para salvar a Lot, y también para poder ejecutar los planes divinos, los ángeles "dejaron ciegos" a los jóvenes y ancianos que querían entrar con violencia a la casa de Lot para violarlos (Gn 19:10-11). La expresión traducida por ceguera, en este contexto (que en hebreo es *saverím*), se utiliza en otros contextos bíblicos para aludir a "deslumbrar" o, inclusive, "engañar" (2 R 6:18). La idea en el contexto del juicio a Sodoma y Gomorra es que la intervención angelical desorientó al grupo de manera temporal, y algunos estudiosos de la expresión indican que los habitantes de la ciudad quedaron deslumbrados, sin capacidad para ver bien su entorno y "ver" lo que hacían.

La orientación de los ángeles

Una vez Lot entró al hogar, quedó protegido en su casa y resguardado por la autoridad y el poder de los ángeles. En ese contexto, los ángeles indican a Lot el propósito de la visita: la destrucción de Sodoma. Pero, antes de que se llevara a efecto esa acción divina, invitaron a Lot a salir de la ciudad con sus yernos, hijos, hijas y todos sus familiares, junto a toda comunidad inmediata de apoyo. Y en este momento, presentan la razón fundamental del juicio divino: "El clamor contra esta gente ha llegado hasta el Señor y ya resulta insoportable. Por eso nos ha enviado a destruirla" (Gn 19:13).

La frase en español que se incluye en el relato, "quítate de ahí" (Gn 19:9), o "hazte a un lado", que la turba afirmó contra Lot, en hebreo tenía la intención de obligarlo a salir del medio para que el grupo infiel pudiera entrar a la casa y abusar de los ángeles, que eran los huéspedes de Lot. La expresión significa, además, que los sodomitas deseaban el camino libre para hacer con los visitantes lo que ellos quisieran. Y Lot puso su vida en peligro, pues era el impedimento para que los jóvenes y ancianos de la ciudad agredieran, violaran e hicieran daño a los dos ángeles.

Dios dio a Lot y a su familia, por medio de la orientación angelical, la oportunidad de salir de la ciudad, para evitar ser consumidos en medio de los juicios divinos. El sobrino del patriarca decide invitar a salir de la ciudad a los prometidos de sus hijas que subestimaron el reclamo y recibieron la advertencia como una broma. Esa dinámica de menospreciar las recomendaciones divinas está muy de acuerdo con las acciones del resto de los ciudadanos de Sodoma, que rechazaron los reclamos éticos, morales y espirituales de Dios. De acuerdo con el relato, Lot vivía en una ciudad sin fundamentos éticos y morales, que propiciaran el aprecio de la revelación divina y la aceptación de la voluntad del Señor.

Ante las respuestas de los prometidos de sus hijas, los ángeles le indicaron a Lot e insistieron que se llevara a su esposa e hijas, pero que no se quedara en la ciudad porque la destrucción era inminente e inmediata (Gn 19:12-16). Como Lot en medio de su confusión titubeaba (Gn 19:16), los ángeles lo tomaron de la mano, al igual que a su esposa e hijas, y los sacaron de la ciudad. Este detalle de los ángeles revela, de manera explícita, el compromiso divino con la misericordia y con la manifestación del amor. Y ante el actuar dubitativo de Lot, la acción divina no solo es la comunicación oral, sino la intervención física.

La indecisión de Lot, cuando los ángeles le indicaron que debía salir de la ciudad, llama la atención. Ya él estaba consciente del pecado de la ciudad, pero también había vivido en Sodoma por bastante tiempo, que presupone que había aumentado sus propiedades y sus recursos. ¡Los bienes que había obtenido en la ciudad del pecado, lo motivaban a quedarse! Sin embargo, los ángeles insistieron para que superara la tentación de quedarse en ese ambiente de rechazo a los valores que se desprenden de la voluntad divina.

Una vez Lot, su esposa e hijas estaban fuera de la ciudad, uno de los ángeles les presentó una advertencia adicional. Debían huir a las montañas, no podían mirar atrás, ni detenerse en el valle. Y el resultado de desobedecer esas instrucciones era perecer, pues sufrirían la misma experiencia de Sodoma, vivirían también el juicio divino y la destrucción.

Lot, sin embargo, no quería ir a las montañas, pues pensaba que en ese lugar la destrucción de la ciudad lo alcanzaría y perdería la vida (Gn 19:18-19). Solicitó, en su defecto, huir a una ciudad pequeña para refugiarse y salvar su vida. Los ángeles aceptaron su petición y recomendaron que avanzara para llegar a esa ciudad conocida como Zoar, que significa pequeña (Gn 19:22). Y ese acto de reflexión práctica de Lot y de respuesta de los ángeles fueron el contexto inmediato para la salvación de una familia en medio de una crisis mayor.

El texto bíblico describe la intervención angelical en favor de Lot como "la misericordia del Señor" (Gn 19:16). La expresión, que en hebreo es *be kjemlá YHWH,* es de gran importancia teológica, pues refleja el amor y la compasión divina en momentos de grandes crisis. Con regularidad, esa misma frase se utiliza en otras narraciones bíblicas para afirmar que Dios liberó a alguien de la muerte (Ex 2:6; Dt 13:8-9). Y es de esa forma que el relato escritural afirma y destaca que la salvación de Lot y su familia no es resultado de la casualidad ni producto de su gestión personal, sino la consecuencia de la manifestación plena del amor y la gracia de Dios.

En efecto, Lot llegó a la ciudad de Zoar al amanecer cuando el juicio de Dios sobre Sodoma había comenzado. La descripción bíblica de la intervención divina es gráfica e intensa: "Cayó del cielo sobre Sodoma y Gomorra una lluvia de fuego y azufre" (Gn 19:24). Esa intervención divina destruyó las ciudades y aniquiló a todos sus habitantes, además, afectó todo el valle y la vegetación. El objetivo de la descripción es afirmar que la destrucción asociada a la manifestación del juicio divino fue absoluta y total.

Un detalle del relato, que no debe ignorarse ni subestimarse, se relaciona con la actitud de la esposa de Lot. Aunque los ángeles habían avisado a Lot y su familia, sobre los peligros de detenerse o mirar atrás, la esposa de Lot no pudo resistir la tentación. Volvió su mirada al valle y las ciudades de donde Dios la había sacado, y el resultado de esa desobediencia pública y crasa fue que la ira divina también la afectó y quedó hecha una estatua de sal en pleno camino de liberación. Y de esa manera, el texto bíblico reitera las consecuencias del pecado y el resultado de la desobediencia: ¡la esposa de Lot quedó inmovilizada para siempre!

En la parte sur del mar Muerto hay muchos depósitos de sal que las personas que hacen peregrinares en esos lugares, tratan de relacionar a la esposa de Lot. Y aunque en algunos lugares hay concentraciones de sal que se levantan en el campo como montículos, no ha dado frutos la búsqueda e identificación de la esposa de Lot en la región.

La expresión que se utiliza en la narración bíblica, para describir la destrucción de las ciudades, fue "fuego y azufre", que ciertamente alude a la manifestación plena del juicio divino. En otros pasajes bíblicos se utiliza la misma fraseología para describir la profundidad y extensión de esos juicios, que no deben ser subvalorados ni ignorados (Dt 29:23; Sal 11:6; Ez 38:21-22).

Una vez más, el texto bíblico incorpora a Abraham en el relato. En esta ocasión se indica que, al amanecer del próximo día, el patriarca regresó al lugar donde se había encontrado con el Señor previamente, y vio cómo Dios había ejecutado su plan sobre esas comunidades infieles y pecadoras. Al mirar hacia donde estaban ubicadas las ciudades, lo que vio fue humo, como en un horno. En efecto, Dios destruyó a Sodoma y Gomorra, pero salvó la vida de Lot y sus hijas. Y una vez más, de acuerdo con el testimonio bíblico, las intervenciones efectivas de Abraham salvaron la vida de su sobrino.

El juicio a Sodoma y Gomorra

El relato bíblico que presenta la destrucción de las ciudades de Sodoma y Gomorra pone en clara evidencia que la ira de Dios fue la respuesta al grave pecado que se vivía en esas comunidades. En la narración bíblica (Gn 19:23-25) solo se alude a Sodoma y Gomorra, pero posteriormente se indica que el juicio divino también llegó a las ciudades aledañas de Adma y Zeboím (Dt 29:23).

Esa maldad continua y creciente se muestra nuevamente cuando llegan los dos varones, que previamente habían estado con Abraham, a Sodoma a visitar a Lot. La respuesta de todo el pueblo, desde jóvenes hasta los ancianos, fue de organizar una turba para secuestrarlos de la casa de Lot y violarlos. De acuerdo con el testimonio bíblico, deseaban "conocerlos" (de la raíz hebrea *yada*), que es una palabra que alude a las relaciones sexuales (Gn 19:5).

En este contexto, el pecado de los ciudadanos de Sodoma, o de los sodomitas, era múltiple: rechazar las tradiciones de hospitalidad del Oriente Medio, irrespetar la dignidad de las personas al tener relaciones sexuales con violencia con los visitantes sin la aceptación mutua y la violación a los derechos humanos. En efecto, era un pecado de dimensiones mayores, pues pone de manifiesto la actitud de los ciudadanos de Sodoma y de sus percepciones en torno a la vida, la sexualidad humana y la dignidad de las personas.

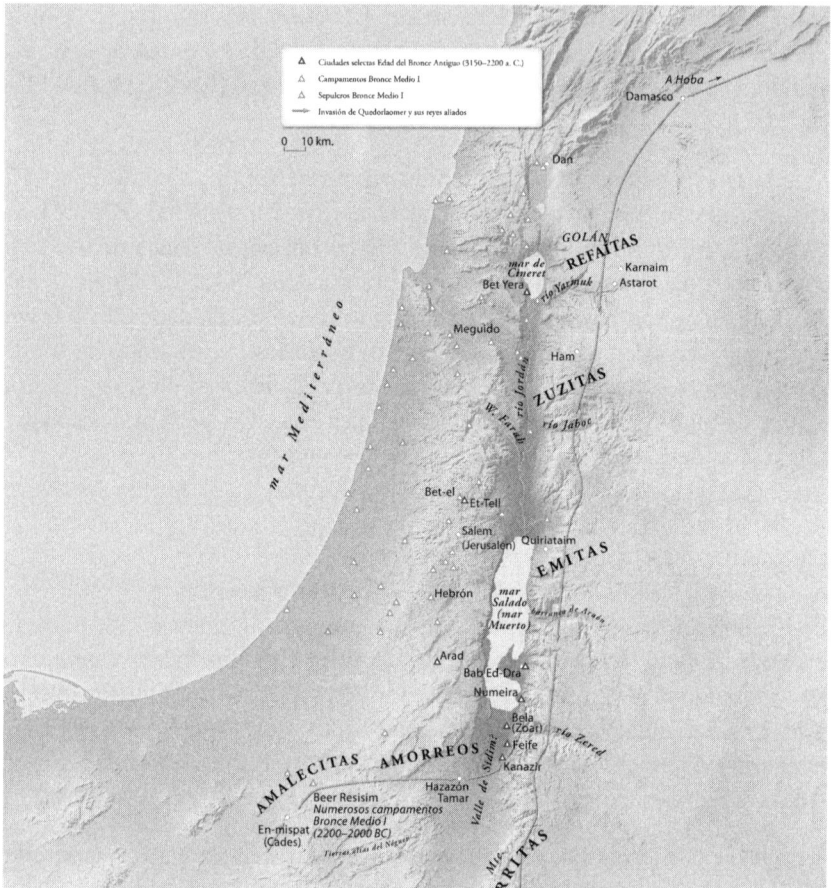

La destrucción de Sodoma y Gomorra tuvo lugar hacia finales de la Edad del Bronce media I. Hasta la fecha, no se ha descubierto ningún yacimiento de esta época.

Referente a Sodoma y Gomorra, no debemos ignorar las afirmaciones proféticas de Ezequiel:

Tu hermana Sodoma y sus aldeas
pecaron de soberbia, gula, apatía
e indiferencia hacia el pobre y el indigente.
Se creían superiores a otras
y en mi presencia se entregaron a las abominaciones.
Por eso, tal como lo has visto, las he destruido. Ezequiel 16:49-50.

De acuerdo con la comprensión profética, los pecados de Sodoma no estaban limitados a las violaciones sexuales y el rechazo de las leyes de hospitalidad, sino que tenían otras dimensiones individuales y sociales. Entre los pecados identificados por el profeta están la soberbia, la gula y la falta de solidaridad con personas pobres y en necesidad. Para Ezequiel, el fundamento del pecado de Sodoma no estaba en lo deprimente, aberrante y erróneo de sus acciones, tanto sexuales como culturales, sino en el corazón. La pecaminosidad de la gente no estaba limitada a los detalles sexuales, sino que abarcaba la totalidad de la vida y las acciones de las personas.

Una vez más, de esta manera, se destaca en las Escrituras que las actitudes pecaminosas nacen de los sentimientos más profundos de los seres humanos. Las acciones de los individuos y las comunidades que se notan son el resultado de sentimientos que no se notan. El pecado de la humanidad no nace en algún acto en un instante, sino en la falta de respeto a la voluntad de Dios y el rechazo a los valores que se desprenden de la revelación divina a la humanidad.

El repetido uso en la Biblia de la palabra "abominación", alude a las actitudes humanas que son contrarias a la naturaleza de Dios (Lv 18:20). La palabra hebrea, que se traduce para describir estas actitudes es *toeba*, que alude a algo especialmente desagradable y adverso a la voluntad divina. Y, en la carta neotestamentaria de Judas, se condena de forma pública y firme la inmoralidad sexual en las ciudades de Sodoma y Gomorra:

> *Aunque ustedes ya saben muy bien todo esto,*
> *quiero recordarles que el Señor,*
> *después de liberar de la tierra de Egipto a su pueblo,*
> *destruyó a los que no creían.*
> *Y a los ángeles que no mantuvieron su posición de autoridad,*
> *sino que abandonaron su propia morada,*
> *los tiene perpetuamente encarcelados en oscuridad*
> *para el juicio del gran día.*
> *Así también Sodoma y Gomorra y las ciudades vecinas*
> *son puestas como ejemplo al sufrir el castigo de un fuego eterno*
> *por haber practicado, como aquellos,*
> *inmoralidad sexual y vicios contra la naturaleza.* Judas 5–7.

En el contexto de una serie de enseñanzas referente a las falsas doctrinas y los falsos maestros, Judas presenta lo que sucedió a Sodoma, Gomorra y otras comunidades vecinas, como un buen ejemplo del juicio divino que cae sobre comunidades e individuos que no actúan conforme a los valores que se desprenden de la voluntad de Dios. De acuerdo con el mensaje, esas ciudades fornicaron y vivieron de acuerdo con los vicios y las actitudes que estaban en contra no solo de la revelación divina, sino de la naturaleza humana. Y del mensaje se desprende que el corazón del problema de esas ciudades antiguas era doble, de índole sexual además de la dimensión ética, moral y espiritual.

Con el tiempo, los nombres de Sodoma y Gomorra se convirtieron es sinónimo de juicio divino, como respuesta a actitudes de maldad, injusticia, violencia, uso de la sexualidad para humillar y destruir a las personas, e irrespeto por la dignidad humana. La expresión en torno a estas ciudades alude eminentemente a sociedades donde abunda la pecaminosidad, en sus variantes éticas, como los pecados de sexualidad, corrupción política, discrimen social y falta de solidaridad, entre otras actitudes humanas impropias.

Jesús de Nazaret, en su programa educativo y liberador, utiliza el ejemplo del juicio a Sodoma y Gomorra como señal del rechazo divino al pecado humano en sus diferentes vertientes. En el contexto temático de la misión de los doce discípulos (Mt 10:5-15), el Señor presenta una serie de guías para llevar a efecto la encomienda de manera efectiva. El Reino de los cielos incluye sanidades de enfermos, limpieza de leprosos, resurrección de muertos y liberación de demonios. Esos actos debían ser una demostración de la gracia divina que los seguidores del Señor habían recibido de manera gratuita.

Las respuestas de las comunidades ante el mensaje de los discípulos de Jesús eran muy importantes. La enseñanza culmina cuando el Señor afirma que quienes rechacen el mensaje de Jesús a través de sus discípulos, en el día del juicio final, recibirán un castigo peor que el que recibieron las ciudades de Sodoma y Gomorra. Ese mensaje de juicio prosigue contra nuevas ciudades infieles como Capernaúm (Mt 11:20-24) que, aunque tuvo la oportunidad de ver milagros de Dios, no recibió el evangelio y sus valores. Y esa actitud crítica del Señor se mantiene al presentar la misión de los setenta, donde reitera que el juicio a las ciudades que rechazan el mensaje del Reino será mayor del que sufrieron en Sodoma (Lc 10:1-12).

¿Qué sucedió realmente en esas ciudades?

Explicar lo que físicamente sucedió en Sodoma y Gomorra, y las ciudades vecinas en la región sur del mar Muerto, es muy difícil de precisar. Para comenzar, la información que transmiten las narraciones bíblicas está matizada por la teología del juicio divino, y esa comprensión de los eventos tiene como fundamento la afirmación del poder divino y el rechazo al pecado humano.

El presupuesto teológico y literario de las narraciones bíblicas en torno a Sodoma y Gomorra es que lo que sucedió con esas ciudades es el resultado de una intervención divina extraordinaria, producto del juicio de Dios a varias comunidades que rechazaron vivir de acuerdo con los valores éticos, morales y espirituales asociados con la voluntad del Señor.

La descripción de lo que acaeció en las proximidades del mar Muerto alude a una catástrofe mayor, que se fundamenta en la ira divina. La explicación natural de la calamidad, sin embargo, ha sido fuente de discusiones académicas, no solo desde las perspectivas teológicas, sino desde las ciencias naturales. Y para comprender y explicar la extensión y magnitud de la destrucción, generalmente se acude a las ciencias naturales, especialmente a la geología y la arqueología.

Para algunos científicos, las destrucciones extensas en la región se pueden relacionar con actividades sísmicas y tectónicas. El mar Muerto, en donde estaban ubicadas Sodoma y Gomorra, se encuentra sobre una importante hendedura tectónica, conocida como la Falla del valle del Jordán, y que se extiende hasta llegar a África.

Una actividad sísmica fuerte en la región pudo haber generado las erupciones de gases inflamables y materiales volcánicos que pudieron encenderse y causar fuegos y destrucciones considerables al llegar a la atmósfera llena de oxígeno. Esos gases, entre los que se encuentran metano y azufre, no solo pueden comenzar fuegos, sino propiciar explosiones que, ciertamente, aumentaban la destrucción en la región.

Otros estudiosos relacionan las narrativas bíblicas con el impacto de algún asteroide o meteorito. Este tipo de fenómeno produce una explosión mayor en la atmósfera, antes de llegar a la tierra que, a su vez, genera un aumento considerable y devastador en la temperatura. Esos cambios drásticos en el calor del medio ambiente pueden explicar el fuego que se experimentó en las ciudades y la extensión de la devastación. Y como en los alrededores del mar Muerto hay depósitos de betún y otros materiales inflamables, esa combinación de actividad astrológica con las realidades naturales en la región, pueden haber sido los detonantes físicos de la calamidad.

La evidencia geológica sugiere, además, que antes de las crisis naturales que experimentó la región, la zona era fértil, con suficiente agua para sostener la agricultura. Sin embargo, luego de los desastres naturales que se vivieron al sur del mar Muerto, los gases tóxicos y la salinización del mar complicaron la vida en esos sectores.

Un detalle adicional referente a Sodoma y Gomorra no debe ignorarse. La evidencia precisa en torno a la ubicación de esas ciudades no es del todo clara. Posiblemente, estuvieron enclavadas en una sección al centro o el sur del mar Muerto, en aguas poco profundas, quizás al sur de Al-Lisán.

Lot y sus hijas

Una vez pasó la crisis de la destrucción de Sodoma, Gomorra y las otras ciudades del valle, Lot decidió —en medio del temor— quedarse en la ciudad de Zoar. Posteriormente, fue a vivir con sus hijas a la región montañosa, y se quedó en una cueva. Y en ese nuevo entorno es que se lleva a efecto la sección final de la vida de Lot, de acuerdo con las narraciones bíblicas.

Lot y sus hijas vivían una realidad desafiante en la cueva. En primer lugar, ya Lot era un anciano, y sus fuerzas no eran como las que se necesitaban es ese ambiente físicamente desafiante. Además, en torno a la vida familiar y las alternativas de mantener el legado, no había hombres cerca de la cueva ni en la región con los que sus hijas pudieran procrear y tener una familia. Y como las relaciones sexuales de padres e hijas no constituyen un buen modelo de familia, decidieron emborrachar a Lot para acostarse con él y tener familia.

Cada una de las hijas, comenzando por la mayor, emborracharon a Lot, se acostaron con su padre en noches sucesivas, quedaron embarazadas y tuvieron hijos. El hijo de la mayor se llamó Moab, que en hebreo transmite la idea de "por parte del padre" (Gn 19:37), y el texto lo identifica como padre de los moabitas. La segunda llamó a su hijo Ben Amí, que en el contexto original significa "hijo de mi pueblo" (Gn 19:38), pero que tiene un parecido fonético con *bené amón*, que en hebreo alude a los amonitas.

Esta narración final del capítulo presenta un grave problema ético: el incesto. En este caso de crisis mayor, la necesidad de procreación superó el elemento ético, y las hijas tuvieron sus hijos, al acostarse con su padre. El relato bíblico no da la aprobación de este tipo de relación incestuosa, sino que presenta la descripción de lo que ellas hicieron en medio de una crisis y adversidad familiar, sin esposos ni varones en la comunidad inmediata.

Referente a los nietos de Lot, sus descendientes, identificados como moabitas y amonitas, habitaban al este del mar Muerto y eran considerados parientes de los israelitas (Dt 2:9, 19). Sin embargo, las relaciones entre esos pueblos no fueron las mejores (Nm 22–24; Jc 3:12-14, 26-30; 10:6–11:33). De singular importancia en la tradicional relación de enemistad entre los moabitas y amonitas con los israelitas es que, de acuerdo con la narración bíblica, esos pueblos surgen del fruto de relaciones incestuosas entre las hijas de Lot y su padre.

Capítulo ocho
Abraham y Abimelec

Abraham partió desde allí en dirección a la región del Néguev
y se quedó a vivir entre Cades y Sur.
Mientras vivía en Guerar,
Abraham decía que Sara, su esposa, era su hermana.
Entonces Abimelec, rey de Guerar,
mandó buscar a Sara y la tomó por esposa.
Pero aquella noche Dios apareció a Abimelec en sueños y le dijo:
—Puedes darte por muerto a causa de la mujer que has tomado,
porque ella es casada.
Pero como Abimelec todavía no había tenido relaciones sexuales con ella,
contestó: —Señor, ¿acaso vas a destruir a un pueblo inocente?
Como Abraham me dijo que ella era su hermana,
y ella me lo confirmó,
yo hice todo esto con la conciencia tranquila
y con las manos limpias.
—Sí, ya sé que has hecho todo esto con tu conciencia tranquila
—le respondió Dios en el sueño—;
por eso no te permití tocarla,
para que no pecaras contra mí.

Génesis 20:1-6

La mentira de Abraham

Una vez culminan los relatos de Sodoma y Gomorra, y las dinámicas de Lot y sus hijas, la narración bíblica afirma que Abraham salió de su hogar en Mamré y se dirigió a la región del Neguev, donde se quedó a vivir entre Cades y Sur. Específicamente, se ubicó en la ciudad de Guerar, que estaba enclavada a unos diez kilómetros al sur de Gaza, muy cerca de Egipto, que con el tiempo pasó a ser un importante bastión filisteo.

El propósito del viaje de Abraham no es del todo claro. Quizás, el patriarca estaba buscando nuevos pastos para sus ganados que, ciertamente, se habían multiplicado. Algunos estudiosos piensan que como Guerar era una ciudad próspera y capital de esa región filistea, Abraham se movió a esa comunidad para explorar la posibilidad de comenzar nuevos negocios. Aunque otra alternativa era que, luego de los conflictos con los reyes babilónicos y la liberación de Lot (Gn 14:1-16), y del juicio divino contra las ciudades de Sodoma y Gomorra (Gn 19:1-38), el patriarca necesitaba un nuevo ambiente de paz y seguridad para proseguir con su vida. Y ese contexto geográfico lo ofrecía una ciudad comercialmente próspera, que estaba cerca de Egipto, y que simbolizada un lugar de refugio y de paz en medio de las crisis.

Al llegar a la nueva ciudad, Abraham recurrió nuevamente a la mentira para presentar a Sara, su esposa. ¡Decía que era su hermana! Una vez más el carácter y los valores del patriarca se ponen de relieve, y se convierte en un punto de tensión en su vida y en las narraciones de la Biblia. El "padre de la fe" (Gl 3:8-9), también conocido como "amigo de Dios" (St 2:23), regresa a un estilo de vida fundamentado en la falsedad para subsistir y proseguir con su existencia (Gn 12:13).

La explicación que presenta Abraham en esta ocasión, para justificar la presentación de Sara como su hermana, es que tenían ambos el mismo padre (Gn 20:12). De acuerdo con la explicación del patriarca ambos eran medio hermanos, pues compartían el padre, aunque provenían de diferentes madres. De singular importancia teológica en los relatos bíblicos sobre el tema de las mentiras de Abraham es que, desde la perspectiva de Dios, esa justificación biológica no fue válida.

Una lectura cuidadosa del nuevo relato bíblico revela varios detalles importantes de los personajes. Para comenzar, la posible fuente de ansiedad de Abraham y de que los ciudadanos locales, especialmente de las autoridades como el rey, que se "enamoraran" de Sara, no parece ser muy lógica, pues ya la esposa del patriarca estaba avanzada en años. Fundamentar la mentira en esa preocupación no es válida ni aceptable.

Referente a este mismo tema, también hay que tomar en consideración los paralelos de los contextos de las mentiras de Abraham. Por segunda vez, el patriarca llega a una tierra extraña junto con su esposa. En
ambos casos, tanto en Egipto (Gn 12:10-20) como en Guerar (Gn 20:1-
7), Abraham recurre al engaño como medida de prevención de crisis. En
el primer caso, hace explícita su preocupación, fundamentado en la belleza
de Sara; no así en la segunda ocasión, pues ya habían pasado unos veinticinco años, y los atributos físicos de su esposa habían sido transformados
por la edad.

La mentira inicial de Abraham en Egipto fue el marco de referencia
para el adulterio del faraón, que tomó a Sara por esposa sin percatarse que
no era la hermana del patriarca. En el caso posterior de la falsedad en la
ciudad de Guerar, el adulterio real fue detenido por una intervención divina. En efecto, el rey Abimelec tomó a Sara por esposa, posiblemente la
incorporó en su harén, pero antes de proceder a acostarse con ella Dios le
habló al monarca en un sueño para detener el acto e impedir que se con-
sumara el pecado del adulterio.

La gravedad de la situación en la que están involucrados Abraham,
Sara y Abimelec se pone claramente de relieve al evaluar con sobriedad la
naturaleza y descripción de la intervención divina. En este caso en específico, Dios describe el adulterio como "pecar contra mí" (Gn 20:6), que es una
manera directa de destacar la gravedad y las complicaciones del pecado.

El acto de "pecar contra Dios" describe adecuadamente el adulterio.
No se explica este tipo de acción como algo impropio, una falta social o
imprudencia interpersonal. El texto bíblico presenta el adulterio de manera clara y directa: se trata de una acción contra la misma naturaleza divina,
pues fue Dios el que instituyó esta relación matrimonial, que debe estar
fundamentada en el respeto, la afirmación mutua, el decoro, la fidelidad y
el amor.

Referente a este tema del matrimonio y el adulterio, es interesante
ver cómo David responde ante Dios y explica su condición luego de adul-
terar y actuar fuera de los parámetros de la voluntad de Dios: "Contra ti
he pecado, solo contra ti" (Sal 51:4). El famoso rey de Israel entiende que
su decisión fue impropia y sus consecuencias graves, pues el pecado no era
superficial, sino contra la naturaleza divina —que se asocia en la Biblia a
la santidad e integridad de las personas.

La intervención divina oportuna en un sueño a Abimelec evitó el
adulterio y la consumación del pecado. En Egipto, el faraón se dio cuenta

del pecado cuando comenzaron a manifestarse las plagas en el reino; sin embargo, en la ciudad de Guerar, Dios evitó el pecado, cuando se reveló e intervino en el momento adecuado directamente a Abimelec.

En el Pentateuco, las revelaciones a personas no hebreas están motivadas por el deseo divino de detener intenciones que van en contra de la voluntad de Dios. Estas apariciones singulares, además de Abimelec, se presentan a Labán (Gn 31:24) y Balaam (Nm 22:12). Y esas intervenciones divinas ponen de manifiesto el amor y la misericordia del Señor no solo hacia los descendientes del patriarca, sino de la humanidad.

Abraham el profeta

> *Pero ahora devuelve esa mujer a su esposo,*
> *pues él es profeta y va a interceder por ti para que vivas.*
> *Si no lo haces, debes saber que sin duda morirás*
> *junto con todos los tuyos.* Génesis 20:7.

De mucha importancia en este relato es la nueva identificación de Abraham. Además de ser un pecador, por sus actitudes reiteradas hacia la mentira y la falsedad, la narración bíblica presenta explícitamente al patriarca como profeta (Gn 20:7). En este contexto, las funciones proféticas del patriarca están asociadas a su capacidad de interceder, como hizo en el caso de Abimelec —que previamente había llevado a efecto con Lot— y también con Sara, para superar su infertilidad.

Por las relaciones estrechas de los profetas con Dios, la Biblia destaca que, además de presentar la palabra divina a las naciones, individuos y los reyes, también intercedían ante el Señor en momentos de las diversas crisis de los pueblos (1 S 7:8; 12:19; Jr 37:3; 42:1-4; Am 7:2, 5). Abraham, en este sentido, recibe el nombre de profeta por su capacidad de dialogar con Dios e interceder en favor de personas en medio de situaciones de adversidad o peligros extremos. Es de notar que es en torno a Abraham, y en esta narración, que el nombre "profeta" se pronuncia por primera vez en el canon de las Sagradas Escrituras.

La expresión hebrea que utiliza Abimelec para describir su actitud hacia Sara, que se traduce como "con la conciencia tranquila" (Gn 20:5), literalmente es "con el corazón recto". En la Biblia, las referencias al corazón se relacionan con las emociones, los sentimientos y la voluntad de las personas; en efecto, describen los procesos decisorios de las personas.

La revelación divina a Abimelec incluye una expresión hebrea que se traduce al castellano como "puedes darte por muerto" (Gn 20:3). Esa afirmación en el sueño de Abimelec pone de manifiesto la magnitud del pecado de adulterio, que tenía implicaciones de muerte. Quizás en esta revelación y en la respuesta del rey se pueden notar las influencias del juicio a Sodoma y Gomorra, pues se alude a la muerte de inocentes (Gn 20:4). El monarca no quería exponerse al juicio divino que vivieron las ciudades de los alrededores del mar Muerto.

De acuerdo con el relato bíblico, Abimelec no es responsable de casi cometer adulterio con Sara, pues fue inducido a error, tanto por el patriarca como por su esposa. Abraham y Sara se pusieron de acuerdo para presentarse así —como hermanos— ante la ciudad de Guerar y sus líderes. La mentira íntima del patriarca y su esposa pudo haber tenido implicaciones adversas en la comunidad y consecuencias nefastas en el rey.

La intervención divina en el sueño cambió las realidades de Abimelec. Dios no permitió que tocara a Sara para evitar el pecado contra Dios, el cual tenía implicaciones devastadoras, y ordenó que regresara a Sara a Abraham, su esposo. Y en ese mismo espíritu de esclarecer lo que había sucedido, el rey Abimelec cuenta a sus servidores lo que había sucedido, los cuales reaccionaron con gran temor (Gn 20:6-8).

Cuando el monarca confrontó a Abraham en torno al origen de la mentira, el patriarca respondió que se fundamentó en el temor a que lo mataran por causa de su esposa. Entendía que esa ciudad no tenía temor de Dios, y como carecía de los valores que representan el respeto a los visitantes y el honor a las mujeres, quiso evitar una confrontación que pudo haber terminado con su vida.

En medio de este diálogo, además, Abraham añade un detalle familiar que previamente era desconocido. Explica el origen de la identificación de Sara como su hermana: ¡eran medio hermanos de parte de padre! También añade a la historia que esa falsedad está bien pensada y articulada desde que salieron de Ur de los caldeos, de la casa de sus padres. Y es en ese diálogo que el patriarca añade un importante detalle asociado a esa estrategia de presentar a su esposa como hermana: ¡Sara debía demostrar su amor de esa forma!

La justificación de la presentación de Sara como hermana era la preocupación por sus vidas, y para responder a esos posibles ataques fundamentados en el amor, Abraham y Sara debían presentarse como hermanos, independientemente de las consecuencias que esa estrategia podía traer a las comunidades que visitaran (Gn 20:11-13). Y de esta manera, se pone en evidencia cómo el temor hace que las personas tomen decisiones inapropiadas, sin tomar en consideración las repercusiones personales y colectivas que esas decisiones pueden tener.

Posiblemente, en la época de los patriarcas, el matrimonio con familiares cercanos estaba permitido. Es en la época de Moisés, y luego en tiempo de los profetas, cuando la Ley presenta prohibiciones contra este tipo de matrimonios incestuosos (Lv 18:9; Dt 27:22; Ez 22:11).

La frase que utilizó Abraham para describir su percepción de la espiritualidad de la ciudad de Guerar es "que en este lugar no había temor de Dios" (Gn 20:11). La expresión describe la compresión de la naturaleza divina y sus implicaciones para el respeto a las personas, incluyendo a las visitas y a los forasteros. Como la palabra religión no aparece en la literatura hebrea antigua, "temor a Dios" es la expresión que mejor describe el fenómeno religioso.

Respuesta del rey Abimelec

Abimelec tomó entonces ovejas y vacas, esclavos y esclavas,
y se los regaló a Abraham.
Además, le devolvió a su esposa Sara y dijo:
—Mira, ahí está todo mi territorio;
quédate a vivir donde mejor te parezca.
Mientras a Sara le dijo:
—He dado a tu hermano mil piezas de plata,
que servirán de compensación por todo lo que te ha pasado;
así todos sabrán que eres inocente.
Entonces Abraham oró a Dios
y Dios sanó a Abimelec;
además, permitió que su esposa y sus siervas volvieran a tener hijos,
pues a causa de lo ocurrido con Sara, la esposa de Abraham,
el Señor había hecho que todas las mujeres en la casa de Abimelec
quedaran estériles. Génesis 20:14-18.

La respuesta de Abimelec fue mejor que la del faraón de Egipto, que ordenó su partida inmediata de sus tierras. En esta ocasión, el monarca permitió al patriarca y su familia permanecer en sus tierras y, además, le dio ovejas, vacas y siervos para que lo apoyaran en su labor de pastor (Gn

20:15). De esta manera, se pone en evidencia que el monarca de Guerar fue benigno con Abraham, pues permitió que pudiera vivir en sus tierras.

Las palabras del rey a Sara fueron más directas, impresionantes y benignas. Como ya había pagado por ella a Abraham, que reconoce públicamente como su hermano, declara ahora, de acuerdo con el texto bíblico, que el patriarca era una especie de protección para garantizar su seguridad. El monarca, de esa forma, supera la dificultad asociada a la mentira de Abraham y prepara el camino para que la vida del patriarca y su familia pueda proseguir.

Las mil piezas de plata que había dado Abimelec a Abraham debían servir como indemnización a Sara por los problemas, la ignominia y el deshonor que había sufrido en el proceso de la mentira y sus consecuencias del patriarca (Gn 20:16). No debe subestimarse, en la narración bíblica, las reacciones del faraón de Egipto y el rey de Guerar: ambos monarcas tuvieron un alto sentido de moralidad y respeto para reconocer que no se debe tomar la mujer ajena. Los dos líderes políticos entendían que el adulterio no solo es una actitud impropia interpersonal, sino una ofensa directamente a Dios.

En este caso, Abraham decidió aceptar la ofrenda generosa de Abimelec, aunque previamente había rechazado el apoyo que le ofreció el rey de Sodoma (Gn 14:21-24). Quizás, se sentía culpable por los problemas que causaron sus mentiras, o sencillamente deseaba continuar las buenas relaciones y apreciaba hacer negocios con el rey en la ciudad de Guerar.

Como respuesta a esa actitud noble del rey, Abraham ora por él, su esposa y sus siervas para que tuvieran hijos, pues por causa del incidente con Sara, Dios había cerrado toda matriz de la casa de Abimelec. En efecto, al final del proceso, cuando se esclarecieron las relaciones de Abraham y Sara, y se superaron las dificultades asociadas a la mentira del patriarca, la familia del rey de Guerar fue prosperada, pues la procreación y el crecimiento familiar eran buenos signos de la bendición de Dios.

Referente al nombre del rey es importante entender que en hebreo Abimelec significa "mi padre es rey", que es una afirmación de poder y autoridad. Quizás el monarca estuvo relacionado con Isaac, el hijo de Abraham (Gn 26:1). Además, este nombre se menciona en varias ocasiones en las narraciones bíblicas (Jc 8:31; 2 S 11:21; Sal 34:1; 1 Cr 18:16). Este nombre adquirió reconocimiento especial en el mundo arqueológico, cuando apareció identificando al rey de Tiro en las tablas de El Amarna.

Capítulo nueve
El nacimiento de Isaac

Tal como el Señor lo había dicho, actuó a favor de Sara
y cumplió con la promesa que había hecho.
Sara quedó embarazada y dio un hijo a Abraham en su vejez.
Esto sucedió en el tiempo anunciado por Dios.
Al hijo que Sara le dio, Abraham le puso por nombre Isaac.
Cuando su hijo Isaac cumplió ocho días de nacido,
Abraham lo circuncidó, tal como Dios se lo había ordenado.
Abraham tenía ya cien años cuando nació su hijo Isaac.
Sara dijo entonces: "Dios me ha hecho reír,
y todos los que se enteren de que he tenido un hijo se reirán conmigo.
¿Quién hubiera dicho a Abraham que Sara amamantaría hijos?
Sin embargo, le he dado un hijo en su vejez".

Génesis 21:1-7

Nacimiento y circuncisión de Isaac

La primera gran afirmación del nuevo relato bíblico, en torno a Abraham y su familia, una vez más, es de naturaleza teológica. El Dios del patriarca, que había prometido una familia amplia y numerosa, cumplió su palabra en el momento oportuno. El Señor intervino en favor de Sara, aunque el tiempo había pasado, y los años de juventud y de oportunidades de embarazos habían finalizado. Y la declaración teológica introduce el tema del tiempo: "Esto sucedió en el tiempo anunciado por Dios" (Gn 21:2).

El marco de referencia de la narración bíblica es uno de corte teológico, que afirma la naturaleza divina que es capaz de prometer y que está comprometido con el cumplir. El tiempo para el cumplimiento de la palabra divina, aunque es importante, no es el criterio fundamental al analizar este pasaje bíblico. La prioridad es declarar que, a su debido tiempo o "en el tiempo anunciado por Dios" (Gn 21:2), el Señor cumple sus promesas. Y en este contexto, Sara fue bendecida con el don de la maternidad.

El nacimiento de Isaac, también conocido como "hijo de la promesa" (Gn 18:10-12), es un punto de suma importancia en las vidas de Abraham y Sara. En un sentido amplio, este nacimiento es parte de la historia de la salvación, pues es determinante para que se pudiera llevar a efecto el plan divino básico: que la descendencia del patriarca formara un pueblo independiente del resto de las naciones. Y que ese pueblo, que heredaría las bendiciones del Señor que se anunciaron a Abraham sería, a su vez, bendición para el resto de la humanidad. Este nacimiento, a una edad avanzada de los padres, no solo es signo de la fidelidad divina, sino que pone claramente de relieve el poder y la capacidad de Dios: el Señor tiene la autoridad y el deseo de superar los diversos obstáculos que se puedan presentar en la familia del patriarca.

La frase al comienzo del capítulo, que se traduce al castellano como que el Señor "actuó a favor de Sara" (Gn 21:1), en el texto hebreo original, afirma que "el Señor visitó a Sara". El verbo "visitar" (en hebreo *pacad*) revela un interés especial de Dios hacia Sara. En la afirmación con la que comienza el relato, la protagonista es Sara, no es el patriarca sino su esposa. Y ese detalle del texto bíblico se debe destacar, pues es solo a través de esa mujer, Sara, que la promesa divina a Abraham se haría realidad.

La fe de Abraham recibió su recompensa: luego de veinticinco años, por medio de Sara que, por ser mujer, en la cultura dominante no debía ejercer roles protagónicos en la historia familiar y nacional. El Dios bíblico cumple sus promesas a su debido tiempo; además, el Señor hace realidad su palabra por medio de los canales adecuados, que tienen la capacidad de superar los prejuicios y vencer las ansiedades.

El nombre Isaac está relacionado en hebreo con el verbo reír, específicamente transmite la idea de "el que ríe". Que de manera indirecta reacciona a la incredulidad inicial de Abraham y de Sara, al recibir el anuncio de que tendrían un hijo a edad avanzada. En este nuevo contexto, sin embargo, el nombre Isaac se asocia a la risa o la felicidad que tendrían las personas al conocer del embarazo y alumbramiento. El nombre del hijo de Abraham y Sara es un tipo de recordatorio permanente del poder divino, que tiene la capacidad y el deseo de traducir sus promesas en realidades.

La referencia a que Isaac fue circuncidado a los ocho días es una manera de afirmar y destacar que Abraham observó con fidelidad el mandamiento del Señor (Gn 17:12). La circuncisión era una práctica con implicaciones culturales y religiosas, que no podía subestimarse ni ignorarse. En esta narración bíblica referente a la circuncisión de Isaac se destacan la fe y la obediencia del patriarca, ¡que fueron capaces de hacer que un hombre de cien años pudiera procrear un hijo con su esposa de noventa! Posteriormente, y quizás luego de la muerte de Sara, Abraham tuvo seis hijos más con una mujer llamada Cetura (Gn 25:1). Y esas actividades familiares del patriarca son indicadores de la capacidad divina de restaurar y rejuvenecer personas.

Abraham, Sara, Isaac, Agar e Ismael

El niño Isaac creció y fue destetado.
Ese mismo día, Abraham hizo un gran banquete.
Pero Sara se dio cuenta de que el hijo que Agar, la egipcia,
había dado a Abraham, se burlaba de su hijo Isaac.
Por eso dijo a Abraham:
—¡Echa de aquí a esa esclava y a su hijo!
El hijo de esa esclava
jamás tendrá parte en la herencia con mi hijo Isaac. Génesis 21:8-10.

El día que Isaac fue destetado, que debió haber sido como a los dos o tres años, Abraham festejó el crecimiento de su hijo. Pero la celebración, que es parte de la cultura hebrea, fue el contexto para que Sara notara cierta dificultad entre los dos hijos del patriarca, Isaac e Ismael. La expresión hebrea traducida al castellano como "se burlaba de", también puede ser entendida como que estaban jugando (Gn 21:9). Y esas dinámicas de burlas o juegos generaron preocupación y una actitud firme y decidida de parte de Sara.

Fundamentada en lo entendía que eran burlas de Ismael contra Isaac, Sara ordena a Abraham que despidiera a Agar y su hijo. El propósito era claro y directo: no deseaba que Ismael compartiera la herencia que le correspondía a Isaac. La decisión de Sara fue firme, pues entendía que la presencia de Agar e Ismael en el hogar sería fuente de tensión continua y creciente. Y la orden al patriarca pone de relieve la naturaleza de la tensión y la profundidad de la preocupación: "¡Echa de aquí a esa esclava y a su hijo! El hijo de esa esclava jamás tendrá parte en la herencia con mi hijo Isaac" (Gn 21:10).

De acuerdo con las tradiciones de la época, un hijo que provenía de una segunda esposa tenía el derecho de heredar los bienes familiares junto con los hijos de la esposa principal. Otra posibilidad social era otorgarle la libertad, si el hijo provenía de una relación con una mujer esclava, que era el caso de Agar e Ismael. Y las dinámicas intrafamiliares que se incluyen en esta narración son una secuela de lo previamente expuesto en torno a Abraham, Sara, Isaac, Agar e Ismael (Gn 16:1-16).

La decisión y el mandato de Sara angustió sobremanera a Abraham, pues el asunto afectaba adversamente a uno de sus hijos. Sin embargo, la intervención divina le ayudó a procesar la actitud de Sara y permitió proseguir con el proceso de separación familiar, que ciertamente era complejo. Y esa intervención del Señor, que era es muy difícil de entender en términos de las relaciones interfamiliares, se convirtió en el marco de referencia para la reiteración positiva del futuro de Ismael, pues Dios también lo bendeciría como padre de otra gran nación (Gn 21:13).

Referente a las dinámicas entre Isaac e Ismael, Pablo expone su comprensión del incidente a la comunidad de los gálatas. En el contexto de una serie de enseñanzas sobre cómo los creyentes debían enfrentar los desafíos a la fe, el apóstol afirma:

Ustedes, hermanos, al igual que Isaac,
son hijos por la promesa.
Y así como en aquel tiempo
el hijo nacido por decisión humana
persiguió al hijo nacido por el Espíritu,
así también sucede ahora.
Pero ¿qué dice la Escritura?

"¡Echa de aquí a la esclava y a su hijo!
El hijo de la esclava jamás tendrá parte
en la herencia con el hijo de la libre".
Así que, hermanos,
no somos hijos de la esclava, sino de la libre. Gálatas 4:28-31.

Para el apóstol, los cristianos en la tradición de Sara representan la encarnación de la voluntad divina, que es la manifestación plena de la gracia de Dios; e Ismael, sin embargo, como descendiente de una mujer esclava, es símbolo de persecución y burla. En un momento de desafíos a la fe cristiana y a las comprensiones de fe de la comunidad de fe en Galacia, Pablo destaca el compromiso divino con la iglesia, que ubica en la tradición de Abraham, Sara e Isaac. Y esta singular comprensión de las narraciones de la familia del patriarca se expone nuevamente en las Epístolas a los romanos (Rm 9:7) y a los hebreos (Hb 11:18).

La sección siguiente de la narración es intensa y muy difícil de procesar (Gn 21:14-21). De madrugada, Abraham mismo despidió a su hijo y su mamá, les dio pan y agua para que salieran de su hogar al desierto de Berseba, donde estuvieron errantes por algún tiempo. En el desierto, cuando se acabó el agua que les había dado el patriarca, la crisis llegó a un nivel óptimo, pues la muerte ya no era una posibilidad hipotética sino una realidad inminente. En efecto, Sara e Ismael estaban frente a un momento definitivo ante Dios, la comunidad ¡y ellos mismos!

Berseba era una ciudad ubicada al sur de Canaán, muy cerca del desierto del Neguev. La expresión bíblica "desde Dan hasta Beerseba" alude a todo el territorio del pueblo de Israel, desde el norte hasta el sur (Jc 20:1; 1 S 3:20; 2 S 3:10; 1 R 4:5). El nombre Berseba, que significa "el pozo de los siete" o "el pozo del juramento", revela que se trata de un lugar tradicionalmente asociado a decisiones, alianzas y pactos de importancia. Y la imagen "a distancia de un tiro de flecha", alude a un trecho considerable, quizás como a unos cien metros (Gn 21:16).

Agar, en medio de la crisis, no quería ver morir a su hijo, y lo dejó a un lado, "debajo de un arbusto" (Gn 21:15). Y cuando el dolor de madre llegó con fuerza a su vida y comenzó a llorar desconsoladamente, el ángel del Señor escuchó el sollozo del niño y la desesperanza de la madre, e intervino de forma extraordinaria. Una vez más en las narraciones patriarcales en la Biblia, los ángeles de Dios cumplen encomiendas fundamentales en las vidas de esas familias.

Las palabras del mensajero divino ponen de manifiesto, una vez más, la misericordia y el amor de Dios: "¿Qué te pasa, Agar? No temas, pues Dios ha escuchado los sollozos del muchacho ahí donde está. Levántate y tómalo de la mano, que yo haré de él una gran nación" (Gn 21:17-18).

La revelación divina vino acompañada de una visión y comprensión más amplia de la voluntad divina. Cuando Dios abrió los ojos de Agar, para que viera que cerca de ella había un pozo de agua, comenzó el proceso de liberación emocional y restauración familiar, pues dio de beber a Ismael. Ese acto de salvación física del hijo del patriarca fue el preámbulo de la compañía divina mientras crecía. Y de esa manera creció, se desarrolló como arquero, vivió en el desierto de Parán, en la frontera con Egipto y, finalmente, se casó con una mujer egipcia.

Lo singular de la revelación del ángel es que identificó dónde estaba la solución del problema. Agar solo debía "abrir los ojos", es decir, estar alerta o percatarse, pues la superación definitiva de la crisis estaba muy cerca de ella. La naturaleza y complejidad de la adversidad había afectado tanto a Agar, que la imposibilitó de ver que estaba próxima a la resolución de su conflicto.

Pacto entre Abraham y Abimelec

Después de haber hecho el pacto en Berseba,
Abimelec y Ficol, el comandante de su ejército,
volvieron a la tierra de los filisteos.
Abraham plantó un árbol de tamarisco en Berseba
y en ese lugar invocó el nombre del Señor, el Dios Eterno.
Y se quedó en la tierra de los filisteos durante mucho tiempo. Génesis 21:32-34.

Luego de la superación de la crisis intrafamiliar de Abraham, Sara y Agar, la narración bíblica se concentra en las relaciones oficiales entre el patriarca y el rey, Abimelec. Los detalles que se incluyen en el relato ponen de relieve su gran importancia teológica. Y esas afirmaciones teológicas, en boca de un monarca gentil, destacan la cobertura divina que tenía el patriarca, tanto en entornos familiares como en contextos internacionales.

La primera y gran declaración religiosa de Abimelec es de reconocimiento de la presencia de Dios en todo lo que hacía el patriarca. El rey, que estaba oficialmente acompañado por el comandante de su ejército, Ficol, inicia la conversación con una afirmación de fe, que esperaba hiciera efecto en las decisiones de Abraham. Y la petición fundamental del monarca es un reclamo de lealtad, una petición a responder con el mismo respeto, dignidad y fidelidad con la que el patriarca y su familia habían sido recibidos en la ciudad de Guerar.

La conversación se debe haber llevado a efecto a unos treinta kilómetros de la ciudad, donde estaba ubicado el pozo que generaba la contención por el uso de los pastos y el agua. Ese encuentro, muy necesario para mantener la paz, representa las diversas perspectivas y las necesidades diversas de las comunidades nómadas y los pueblos sedentarios.

El encuentro del rey con el patriarca pone de manifiesto, además, varios elementos sociales, políticos y militares de mucha importancia. En primer lugar, la narración presupone la influencia y el respeto que tenía Abraham en la ciudad de Guerar. Estos diálogos entre Abraham y Abimelec, en presencia del general Ficol, también revelan el reconocimiento que recibía el patriarca entre los líderes políticos y militares de la región. Para esas comunidades, Abraham era un líder político distinguido.

La primera reacción de Abraham ante las declaraciones de Abimelec fue de reclamo y queja. El patriarca entendía que los siervos del rey habían actuado de manera impropia al tomar posesión del singular pozo que pertenecía a Abraham. En medio del desierto, esa fuente de agua constituía un recurso indispensable de vida para sus animales y familia. Quien tuviera control sobre el pozo, ejercía el poder y la autoridad en la región. Un pozo de agua en el desierto es símbolo de vida y prosperidad.

Abimelec respondió positivamente y con respeto a los reclamos directos de Abraham (Gn 21:26). En efecto, el monarca accedió a devolverle el pozo, pues no estaba consciente de las acciones imprudentes de sus siervos, ni deseaba tener dificultades con el patriarca. Inclusive, con el propósito de reparar los daños, afirma que ni sabe quién pudo haber tomado esas decisiones inadecuadas que tenían el potencial de socavar y afectar adversamente las relaciones de amistad entre el rey y el patriarca.

El intercambio de regalos, luego de los pactos y las alianzas, era parte del protocolo en este tipo de acuerdos en la antigüedad (1 R 15:19). El patriarca llevó ante el rey ovejas y vacas, símbolos de poder económico y deseos de superar la crisis. El detalle de que solo Abraham presentó regalos a Abimelec, puede ser una indicación de que, entre los dos líderes, Abraham era el de menos categoría. La identificación del regalo de siete ovejitas era una manera de destacar que quien había cavado el pozo fue Abraham. Y el pacto lo hicieron en Berseba, signo de alianzas y acuerdos de importancia.

Una vez el pacto quedó confirmado y sellado, Abimelec y Ficol regresaron a sus tierras, identificada de los filisteos. Esa decisión revela que los acuerdos fueron beneficiosos para la ciudad de Guerar. Abraham, por su parte, sembró un árbol de tamarisco en Berseba e invocó el nombre del Señor. Posteriormente, viajó a las tierras de los filisteos y permaneció en ese lugar por mucho tiempo.

Abraham plantó en Berseba un tamarisco, que era símbolo del buen deseo que tenía en referencia al pacto, pues es un tipo de árbol que dura muchos años y tiene una madera muy fuerte. En ese contexto de revelaciones y pactos, el patriarca afirma el nombre de Dios como el Eterno (Gn 21:33), que es una manera teológica de afirmar y comprometerse a ser fiel al pacto por muchos años. Y en ese contexto es que Abraham se percata de un componente fundamental de la naturaleza divina, la eternidad.

Capítulo diez
Dios prueba a Abraham

Pasado cierto tiempo, Dios puso a prueba a Abraham:
—¡Abraham!—Aquí estoy —respondió.
Y Dios ordenó:—Toma a tu hijo Isaac,
el único que tienes y al que tanto amas,
y ve a la región de Moria.
Una vez allí, ofrécelo como holocausto
en el monte que yo te indicaré.
Abraham se levantó de madrugada y ensilló su asno.
También cortó leña para el holocausto
y, junto con dos de sus criados y su hijo Isaac,
se encaminó hacia el lugar que Dios había indicado.
Al tercer día, Abraham alzó los ojos y a lo lejos vio el lugar.
Entonces dijo a sus criados:—Quédense aquí con el asno.
El muchacho y yo seguiremos adelante para adorar a Dios
y luego regresaremos junto a ustedes.
Abraham tomó la leña del holocausto
y la puso sobre los hombros de Isaac, su hijo.
Él, por su parte, cargó con el fuego y el cuchillo.
Y los dos siguieron caminando juntos.
Isaac dijo a Abraham:—¡Padre!—Dime, hijo mío.
—Aquí tenemos el fuego y la leña —continuó Isaac—;
pero ¿dónde está el cordero para el holocausto?
—Del cordero, hijo mío, se encargará Dios —respondió Abraham.
Y siguieron caminando juntos.
Cuando llegaron al lugar señalado por Dios,
Abraham construyó un altar y preparó la leña.
Después ató a su hijo Isaac y lo puso sobre el altar,
encima de la leña.

Entonces tomó el cuchillo para sacrificar a su hijo,
pero en ese momento el ángel del Señor le gritó desde el cielo:
—¡Abraham! ¡Abraham! —Aquí estoy —respondió.
—No pongas tu mano sobre el muchacho
ni le hagas ningún daño —dijo el ángel—.
Ahora sé que temes a Dios,
porque ni siquiera te has negado a darme a tu único hijo.

Génesis 22:1-12

El sacrificio de Isaac

Luego del nacimiento de Isaac, que constituyó el cumplimiento de una promesa divina, cuando el entorno biológico y emocional no era el ideal, y posterior al pacto con Abimelec, Dios se revela nuevamente a Abraham. En esa ocasión, la revelación del Señor incluía una encomienda extraordinariamente difícil y desafiante: sacrificar a su hijo, Isaac, como ofrenda ante Dios. En efecto, se trataba de una prueba a la fe y la confianza del patriarca que no hay manera de subestimar o presentar de forma sencilla.

El singular reclamo divino a Abraham surge un tiempo después de la superación de la crisis del pozo en Berseba, pero la narración bíblica no especifica el tiempo. Sin embargo, Isaac ya estaba lo suficientemente

Escultura del sacrificio de Isaac. Museo Opera del Duomo.

grande como para cargar la leña del fuego del sacrificio. El hijo del patriarca, además, tenía la madurez y capacidad de dialogar inteligentemente con Abraham y explorar detalles del sacrificio que no estaban muy claros, como su pregunta en torno a dónde estaba el animal que se iba a presentar ante Dios (Gn 22:7).

En este relato bíblico se presenta, posiblemente, el momento más dramático y desafiante en la vida del patriarca. Se contraponen en el texto el cumplimiento de la promesa del Señor de tener un hijo con Sara, y el sentido de obediencia y fidelidad a la palabra divina, que reclamaba la vida de ese único hijo. Ante el patriarca estaban dos valores fundamentales en su vida, que en esa ocasión parecía que estaban en contraposición: la vida del hijo que sería determinante para proseguir con la promesa de tener una descendencia numerosa, y la respuesta obediente del patriarca a un reclamo de Dios que tenía la capacidad de detener el desarrollo posterior de esa promesa divina.

El hijo de la promesa, Isaac, debía ser ofrecido en ofrenda ante Dios, y el relato, para destacar aún más la naturaleza del evento, añade intensidad al sacrificio al destacar que se trataba de su hijo, de su hijo único con Sara, y del hijo que amaba. Y de esa manera, la narración bíblica pone en justa perspectiva la naturaleza de la fe y la dimensión profunda de obediencia que debía demostrar Abraham, además de afirmar que era fiel a la voluntad y la palabra de Dios.

La referencia al hijo "único" (Gn 22:22) es teológicamente importante. En la traducción griega del Antiguo Testamento (Septuaginta, LXX), la palabra hebrea que significa "único" se tradujo al griego como "amado". Posteriormente, en el Nuevo Testamento, esa misma expresión se relaciona directamente con Jesús, cuando Juan lo bautiza en el río Jordán. Y en medio del acto, los cielos se abren, desciende el Espíritu de Dios como paloma y se posa sobre el Señor, y se escucha una voz de los cielos que afirma: "Este es mi Hijo amado; estoy muy complacido con él" (Mt 3:17).

El tema de la obediencia a Dios no es nuevo en la vida del patriarca. Al comenzar su peregrinar de esperanza al futuro, al salir de la ciudad de Ur de los caldeos (Gn 12:1-9), la fe de Abraham se puso a prueba, pues dejó atrás a su familia y sus propiedades para comenzar un peregrinar de fe al futuro, donde solo lo guiaba la gracia divina, la esperanza y la seguridad de que estaba respondiendo de manera correcta al llamado de Dios. Ese singular peregrinar de esperanza y vida al futuro es descrito en el Nuevo Testamento como que salió "sin saber a dónde iba" (Hb 11:8).

De acuerdo con el relato bíblico, Abraham e Isaac, junto a dos siervos y un asno, salieron de Berseba temprano en la mañana hacia el monte Moria (Gn 22:2-4), en un viaje de tres días. Posteriormente, en la Biblia, se ubica ese monte en Jerusalén (2 Cr 3:1), específicamente en el lugar donde Salomón construyó el Templo.

El patriarca y su hijo viajaron desde el sur de Canaán hasta los montes de Jerusalén por varios días, en un acto de obediencia para cumplir la encomienda divina. De importancia teológica es la relación entre las palabras hebreas "Moria" y "proveer". Según el texto bíblico, Dios proveerá el cordero en el monte Moria (Gn 22:8).

La narración bíblica, aunque no brinda muchos detalles en referencia a las dinámicas interpersonales del grupo durante el viaje, sí presenta una conversación importante de padre e hijo. Luego que Abraham se preparara para efectuar el sacrificio, al buscar la leña y preparar el altar para el holocausto, Isaac pregunta por el cordero del sacrificio, que señala el corazón del problema: ¿qué se va a sacrificar?

La pregunta del hijo del patriarca pone de manifiesto las dificultades que debió enfrentar Abraham en el camino del cumplimiento de la voluntad divina. Lo que estaba en juego en el proceso era la vida del hijo que amaba, pero ante la pregunta del hijo, que posiblemente no entendía bien lo que sucedía, surge una respuesta cargada de seguridad teológica:

Cordero u oveja joven.

"Dios proveerá en cordero para el sacrificio en el momento preciso" (Gn 22:8). Y esa respuesta, que debió haber estado cargada de emoción y preocupación, presenta el marco de referencia espiritual y emocional para las acciones del patriarca.

La determinación de Abraham de ser fiel a la encomienda divina, una vez más, se pone de manifiesto de manera clara en el relato. En primer lugar, salió de Berseba a cumplir con el mandato del Señor; además, cuando llegó al lugar indicado por Dios, el patriarca edificó un altar y preparó la leña para el fuego. Como si fuera poco, ató a Isaac y lo puso sobre la leña para el sacrificio. Ya para ese momento, Isaac debe haberse percatado que iba a ser presentado ante Dios como ofrenda. E inclusive, de acuerdo con la narración bíblica (Gn 22:9-10), Abraham tomó el cuchillo para degollar a su hijo, al hijo de la promesa, al hijo que amaba.

La escena debe haber sido dolorosa: ¡un padre estaba a punto de matar a su único hijo por cumplir el mandato de Dios! El ambiente debió haber sido macabro: ¡el sacrificio de un joven, que representaba el futuro de una familia y de un país, por su propio padre! Las dinámicas deben haber sido tétricas: ¡en nombre de Dios un padre debía terminar con la vida de su propio hijo! En efecto, no hay manera de presentar este relato bíblico sin herir u ofender susceptibilidades éticas, morales y espirituales. Era un acto ininteligible para cualquier persona con uso de razón e inteligencia emocional.

La lectura entre líneas del texto bíblico revela que Abraham esperaba que Dios interviniera en el proceso. Cuando el patriarca se despidió de sus siervos le indicó que adorarían a Dios pero que regresarían juntos (Gn 22:5) luego de los sacrificios. Isaac se somete ante Abraham, inclusive cuando están a punto de degollarlo, que pone de manifiesto que el joven también tenía fe y esperanza en las promesas de Dios (Gn 22:9). ¡La fe y la esperanza son elementos que están presente de manera continua en esta narración patriarcal!

De acuerdo con el relato bíblico, Dios sustituyó a Isaac por un cordero, que podría ser una forma de rechazo público a los sacrificios humanos. Los pueblos vecinos de Israel, en ocasiones, especialmente en medio de crisis mayores, ofrecían este tipo de sacrificios (2 R 3:26-27). Incluso, aunque la Ley mosaica los prohibía terminantemente (Lv 20:1-5), el pueblo de Israel ofreció sacrificios humanos en medio de adversidades mayores (2 R 16:3; 17:17; 21:16; Is 57:5).

Posiblemente, este relato bíblico es una manera pública de rechazar este tipo de sacrificios.

La intervención del ángel

Entonces tomó el cuchillo para sacrificar a su hijo,
pero en ese momento el ángel del Señor le gritó desde el cielo:
—¡Abraham! ¡Abraham! —Aquí estoy —respondió.
—No pongas tu mano sobre el muchacho
ni le hagas ningún daño —dijo el ángel—.
Ahora sé que temes a Dios,
porque ni siquiera te has negado a darme a tu único hijo. Génesis 22:10-12.

La obediencia de Abraham y la sumisión de Isaac hicieron posible una vez más la intervención oportuna del ángel del Señor. Cuando el patriarca tomó el cuchillo para sacrificar a su hijo, el ángel desde el cielo gritó: "Abraham, Abraham. No pongas tu mano sobre el muchacho ni le hagas daño alguno" (Gn 22:12).

La oportuna intervención angelical detuvo el sacrificio en el momento oportuno, cuando el patriarca demostró, sin lugar a duda, que estaba dispuesto a cumplir la encomienda divina, aunque fuera una experiencia emocional desafiante y un reclamo familiar costoso. El ángel del Señor llega en el instante adecuado para ayudar a los personajes bíblicos a mantenerse dentro de la voluntad divina.

En el relato, el temor a Dios de Abraham se puso en clara evidencia. Esa actitud de reconocimiento divino del patriarca es una manera de demostrar que creía fielmente a la palabra del Señor, y que por cumplir con la voluntad del Señor estaba dispuesto a hacer hasta lo increíble e inimaginable. El ángel, al ver el compromiso del patriarca con la palabra divina, reconoció que Abraham era una persona de bien, que temía a Dios. Una de las lecciones de estos relatos del libro de Génesis, en efecto, es presentar al patriarca como modelo de fidelidad, obediencia y compromiso con Dios.

Una vez Abraham superó la prueba de confianza en el Señor, se percató que en un matorral cercano había un carnero enredado por los cuernos, que se convirtió en la ofrenda del holocausto. Para recordar la experiencia, Abraham puso por nombre al lugar, "el Señor provee", en hebreo, *Yahweh yir'eh* (Gn 22:14), que destaca la capacidad divina de responder al clamor humano lo necesario en el momento oportuno. Y de singular importancia, es que el nombre no enaltece los compromisos de fe o las acciones obedientes del patriarca, sino la capacidad divina de proveer a las personas fieles en el momento oportuno.

Una vez el ángel corroboró la obediencia de Abraham, lo llamó nuevamente desde el cielo para confirmar la promesa original de bendición divina (Gn 12:1-12). Reitera que el Señor lo va a bendecir en gran manera, y que multiplicará su descendencia, "como las estrellas del cielo y la arena del mar" (Gn 22:17), que es una imagen literaria de destacar la extensión de su familia. Una vez más, el patriarca recibe la confirmación de las promesas originales de parte de Dios, pues la obediencia abre el camino de las bendiciones divinas.

En esta ocasión, sin embargo, el ángel se identifica directamente como el Señor (Gn 22:16), y declara que la descendencia del patriarca va a conquistar las cuidades de sus enemigos (Gn 22:17). La narración declara que el mensajero era Dios, no algún agente espiritual secundario. Y de esta manera, el relato bíblico pone en evidencia clara la importancia de las actitudes de fidelidad y obediencia de Abraham.

En efecto, porque el patriarca fue obediente a la revelación de Dios, a través de su familia todos los pueblos de la tierra serán bendecidos. Uno de los propósitos primordiales de estas narraciones en torno a Abraham es destacar la importancia de la obediencia y la necesidad de ser fieles a Dios, aun en situaciones de desafíos extremos como los que vivió Abraham con su hijo Isaac. La obediencia humana está asociada con la bendición divina.

La referencia a la "atadura" de Isaac (Gn 22:9), cuando el patriarca estaba a punto de sacrificarlo, se relaciona en el Nuevo Testamento con el tema de la resurrección (Hb 11:17-19). En efecto, la lectura cristiana de la vida y experiencias del patriarca, ponen en evidencia las implicaciones de la fe y la obediencia, que tienen la capacidad y el poder de superar hasta la muerte. Esa dinámica agónica, tanto para Abraham como para Isaac, brinda a los escritores del Nuevo Testamento afirmar el corazón de la fe cristiana: la resurrección.

La familia extendida de Abraham

Puesto que me has obedecido,
por medio de tu descendencia
serán bendecidas todas las naciones de la tierra.

Abraham regresó al lugar donde estaban sus criados
y juntos partieron hacia Berseba,
donde Abraham se quedó a vivir.
Pasado cierto tiempo,
Abraham recibió la noticia de que también Milca
había dado hijos a su hermano Najor.
Su hijo primogénito fue Uz;
luego nacieron sus hermanos Buz y Quemuel.
Este último fue el padre de Aram.
Después siguieron Quésed, Jazó, Pildás, Yidlaf y Betuel,
que fue el padre de Rebeca.
Estos fueron los ocho hijos que Milca dio a Najor, hermano de Abraham.
Najor también tuvo hijos con Reumá, su concubina.
Ellos fueron Tébaj, Gaján, Tajás y Macá. Génesis 22:18-24.

La sección final del capítulo tiene como prioridad presentar la familia extendida de Abraham. Esta sección genealógica revela un propósito teológico, pues es una manera de afirmar que Dios está en control de la historia, y que ese poder se pone de manifiesto en las dinámicas familiares.

El relato bíblico presenta el nacimiento de los hijos de Najor, el hermano de Abraham. En medio de los nombres se incluye el de Rebeca (Gn 22:23), que constituye una manera sobria de introducir a las nuevas generaciones asociadas con el patriarca. Y esa declaración tiene repercusiones teológicas, pues afirma que la promesa divina de tener una descendencia numerosa no era hipotética, ilusoria e irreal, sino que estaba en pleno proceso de cumplimiento.

La mayoría de los nombres que se incluyen son antepasados de ciudades o pueblos que vivían en las cercanías del pueblo de Israel en Canaán. Inclusive, hasta esas comunidades llegará la bendición de Dios, por ser parte de los descendientes de Abraham (Gn 22:18).

Capítulo once
Muerte de Sara

Sara vivió ciento veintisiete años
y murió en Quiriat Arbá,
es decir, en la ciudad de Hebrón, en la tierra de Canaán.
Abraham hizo duelo y lloró por ella.
Luego se retiró de donde estaba la difunta
y fue a proponer a los hititas lo siguiente:
—Entre ustedes yo soy un extranjero, un extraño;
no obstante, quiero pedirles que me vendan un sepulcro
para enterrar a mi difunta esposa.
Los hititas respondieron:
—Escúchenos, señor; usted es un jefe muy importante entre nosotros.
Sepulte a su difunta esposa en el mejor de nuestros sepulcros.
Ninguno de nosotros le negará su tumba
para que pueda sepultar a su difunta esposa.

Génesis 23:1-6

La muerte de Sara

Sara fallece a una edad avanzada, ¡a los ciento veintisiete años! Vivió con intensidad hasta el final de sus días, cuando Isaac tenía unos treintaisiete años. Demostró ser una mujer de fe, pues aceptó el llamado divino a salir de su tierra y sus familiares con Abraham, y acompañó al patriarca por décadas en medio de los desafíos, las adversidades y los triunfos. Y como resultado de ese estilo de vida fiel, digno y noble, recibe los honores familiares y comunitarios correspondientes en medio de los procesos funerales.

La revelación de la edad de Sara al morir es significativa, pues ella es la única mujer a la que la Biblia indica ese detalle al fallecer. Quizás, esa sea una manera de indicar que, luego que la promesa de un hijo se hiciera realidad en la pareja, Abraham y Sara tuvieron la oportunidad de vivir como un matrimonio feliz por más de tres décadas. Además, ese tiempo dio la oportunidad al patriarca y a su esposa de preparar a Isaac para comprender y vivir la promesa divina de la cual Isaac formaba parte integral.

Sara murió en Quiriat Arbá, o ciudad de los Cuatro, que también era una manera de reconocer la ciudad de Hebrón. La reacción de Abraham ante el fallecimiento de su esposa de más de cien años fue de dolor, lamento y llanto (Gn 23:2). Como el texto hebreo indica que el patriarca "vino" a hacer el duelo por Sara, es posible que no estuviera presente al momento del fallecimiento (Gn 23:2). Y es en este pasaje bíblico que se indica por primera vez que un hombre llora; posteriormente, en el Nuevo Testamento se indica que Jesús lloró ante la muerte de su amigo Lázaro (Jn 11:17-37).

Esta muerte, en los relatos bíblicos, es teológicamente muy importante: se trata del fallecimiento de la mujer que Dios seleccionó para ser la madre de Isaac, en el cual se cumplirían las promesas divinas al patriarca (Gn 12:1-6), especialmente la de tener una descendencia numerosa. Había fallecido una mujer que fue instrumento divino, pues a través de ella la promesa de Dios al patriarca se hizo realidad.

En hebreo, el acto de "hacer duelo" se transmite con la palabra *safád*, que significa "golpearse el pecho" (Gn 23:2). Con esos gestos físicos y públicos en la antigüedad se demostraba el dolor, la pena y el luto por la pérdida de un ser querido, como es el caso de Abraham ante la muerte de su esposa Sara. Y la reacción de Isaac también fue de dolor profundo, pues posteriormente Rebeca, su esposa, lo consoló en referencia al fallecimiento de Sara (Gn 24:67).

Para la comunidad cristiana la defunción es una experiencia que se enfrenta con sobriedad, dignidad, valentía y esperanza. Desde la perspectiva de la fe, la muerte ha sido conquistada (1 Co 15:55-57), que no significa que se elimine el dolor de la separación y la crisis de pérdida. Sin embargo, aunque los creyentes pueden entristecerse y sufrir por la pérdida de un ser querido, los acompaña la esperanza y la seguridad de la vida eterna que se descubre en la fe en Cristo Jesús (1 Ts 4:13). La muerte, aunque teológica y espiritualmente ha sido vencida, trae a las personas un sentido de separación y pérdida que no debe subestimarse. Y ante esas realidades, la consolación divina se hace realidad.

El relato bíblico también presenta las dinámicas sociales asociadas a la búsqueda de un sepulcro adecuado para enterrar a Sara, y proceder a llevar a efecto las ceremonias fúnebres pertinentes. Y de gran importancia, en esa búsqueda de Abraham, es que culturalmente la posesión de un sepulcro familiar en la antigüedad aseguraba un buen lugar de descanso para toda la familia, junto a sus antepasados y seres queridos del pasado, presente y futuro (Gn 49:29-32; 1 R 13:22; Hch 7:16).

Esas negociaciones para adquirir una tumba y enterrar a Sara eran importantes, no solo para respetar y cumplir con las tradiciones hebreas de la época, sino que tenían implicaciones teológicas de vital importancia. Con la compra del ese terreno en la cueva de Macpela, Abraham logró poseer un lugar en la tierra prometida, que constituía una forma de que se cumpliera un componente fundamental de la promesa divina original al patriarca, que tenía elementos teológicos, geográficos y políticos.

En las narraciones en torno a Abraham en el libro de Génesis el patriarca es identificado como extranjero o forastero, por lo menos, en tres ocasiones. En el relato actual, las negociaciones de Abraham se llevaron a efecto con los hititas (Gn 23:3), que respondieron con honorabilidad y amabilidad a la petición del patriarca. Y esa alusión a forastero es una indicación de que todavía el proceso de "conquista" y posesión de la tierra prometida no había comenzado.

De singular importancia en los relatos patriarcales, en el primer libro de la Biblia, es que las comunidades no hebreas, que se relacionaban con Abraham y sus descendientes, mostraban cordialidad y respeto. Sin embargo, ese no es el caso en los relatos del libro de Éxodo, en donde las relaciones internacionales están caracterizadas por la tensión y, en ocasiones, por la hostilidad y la guerra. En efecto, Moisés no gozó de estas dinámicas internacionales con los pueblos vecinos de los hebreos.

La frase traducida como jefe "muy importante", es decir, líder eminente o poderoso (Gn 23:6), proviene del hebreo "príncipe de Dios", que es una manera de magnificar y transmitir el reconocimiento de la autoridad y el honor al patriarca. En la Biblia hebrea la palabra "príncipe", en hebreo *nasí*, se utiliza para identificar jefes de tribus o grupos étnicos (Gn 17:20; 25:16; Nm 7:2). Y el añadir la referencia a la divinidad en la expresión era una manera de magnificar la distinción.

La respuesta de los hititas a la petición de Abraham fue muy bien recibida, pues ofrecieron el mejor de los sepulcros disponibles. El contexto de los diálogos y las negociaciones era cordial. Los hititas entendían que debían tratar bien al patriarca pues, aunque Abraham se identificó como forastero, el grupo lo percibía como parte de la comunidad (Gn 23:5-6).

La referencia a los hititas en el texto bíblico puede aludir a un grupo étnico específico que vivía en Canaán. Algunos estudiosos, sin embargo, piensan que la expresión es otra forma de identificar a los cananeos en general. La frase específica "tierra de los heteos" (Jos 1:4), posiblemente, es una referencia directa a varias regiones en Siria y Canaán, no necesariamente al antiguo imperio hitita que, hasta su desaparición por los años 1200-1170 a.C., estaban enclavados en la parte central de Asia Menor.

Desde la perspectiva de los relatos bíblicos, el texto hebreo afirma que Canaán engendró a Sidón, su primogénito, y también a Het (Gn 10:15; 1 Cr 1:13). Los descendientes de Het se conocieron en la historia como hititas, que era uno de los grupos locales que vivían en zona montañosa del sur de Canaán, en el tiempo de los patriarcas (Gn 15:20; 23:3-20; 25:9-10; 26:34; 27:46; 49:29-30, 32; 50:13).

Posteriormente en la historia, en el período del éxodo y la conquista de las tierras cananeas, los hititas son identificados como uno de los grupos locales que debían ser conquistados por los israelitas (Ex 3:8, 17; 13:5; 23:23, 28; 33:2; 34:11; Nm 13:29; Dt 7:1; 20:17; Jos 3:10; 11:3; 12:8; 24:11).

El sepulcro y la tierra prometida

Una vez más, Abraham se inclinó ante la gente de ese lugar,
y en presencia de los que allí estaban dijo a Efrón:
—Escúcheme, por favor.
Yo insisto en pagarle el precio justo del campo.
Acéptelo usted y así yo podré enterrar allí a mi difunta esposa.

Efrón contestó a Abraham:
—Señor mío, escúcheme.
El campo vale cuatrocientos siclos de plata.
¿Qué es eso entre nosotros?
Vaya tranquilo y entierre a su difunta esposa. Génesis 23:12-15.

En el diálogo y las negociaciones de Abraham con los hititas, el patriarca estaba interesado en comprar específicamente la cueva de Macpela; sin embargo, la respuesta del grupo heteo es que debía comprar todo el campo, que incluía la cueva que al patriarca le interesaba (Gn 23:11). Posiblemente Abraham, al comprar solo la cueva, evitaba algunas obligaciones feudales asociadas a todo el campo; o quizás, de esa manera, comenzaba su estrategia de compra.

Las negociaciones continuaron y Abraham solicita al grupo hitita que interceda ante el dueño del campo, Efrón hijo de Zojar, para que le venda solo la cueva para sepultar a su esposa Sara. Y añade el patriarca, que deseaba comprar la cueva a su justo precio, pues el deseo era que esa cueva sirviera de sepulcro no solo para su esposa, sino para toda su familia.

La importancia política y económica de Efrón, el hitita, se revela en el relato al ubicarlo en la puerta de la ciudad (Gn 23:10), que era el lugar donde se dilucidaban asuntos de importancia para la comunidad (Rt 4:1; Sal 127:5). Además, el líder hitita atendió a Abraham con gracia y decoro en frente de todo el pueblo. Y por si fuera poco, ofreció regalarle el campo y la cueva para que enterrara a su esposa, como una muestra del aprecio y el reconocimiento de la autoridad del patriarca.

Posiblemente, el ofrecimiento de regalar el terreno era una forma diplomática, respetuosa y cortés de incentivar la venta, pues esas conversaciones y negociaciones forman parte de las dinámicas comerciales en el Oriente Medio, que se han mantenido a través de los años. Y Abraham comprendió bien el ofrecimiento, pues estuvo dispuesto a pagar el precio adecuado por la cueva y el campo.

Sin embargo, Abraham rechazó con mucho respeto el regalo de las tierras, e insiste en pagar un precio justo. Ese rechazo al regalo puede ser una manera de afirmar la importancia de la tierra prometida, que requería esfuerzo y dedicación de parte del patriarca. Un lugar de mucha importancia para alguna familia en el Oriente Medio no debía ser producto de un regalo, pues se necesitaba el esfuerzo, la dedicación y el trabajo de quien estaba interesado en comprar.

Finalmente, Efrón decidió vender el terreno en cuatrocientos siclos de plata. Ese precio, sin embargo, parece elevado si lo comparamos con una transacción bíblica posterior, en la cual Jeremías pagó diecisiete siclos de plata por un campo en Anatot (Jr 32:9). Quizás, la extensión del terreno en Hebrón era más grande que las tierras que compró posteriormente el profeta.

El uso de monedas en la antigua Canaán comenzó después del siglo 8 a.C. En la época de los patriarcas se pesaba, entre otros metales, la plata para que sirviera de pago por las transacciones comerciales.

La transacción de compra de la cueva de Macpela, en los terrenos de Mamré, se llevó a efecto en la puerta de la ciudad, y en presencia del pueblo (Gn 23:18). Esta transacción incluye un muy importante valor histórico y teológico, pues es el inicio del cumplimiento de la promesa divina de poseer la tierra que habitaba como forastero (Gn 12:1-6). La compra de la cueva para enterrar a Sara se convirtió en un signo determinante del cumplimiento de la promesa original de Dios al patriarca.

En la cueva de Macpela no solo fue enterrada Sara sino que, posteriormente, el lugar se convirtió en la tumba de Abraham (Gn 25:9-10), Isaac (Gn 35:29), y de Rebeca, Lea y Jacob (Gn 49:31; 50:13). Y en la actualidad, en el corazón de la ciudad de Hebrón, la tradición ha ubicado estas tumbas de los patriarcas en una mezquita.

Capítulo doce
Isaac y Rebeca

El Señor, el Dios del cielo,
que me sacó de la casa de mi padre
y de la tierra de mis parientes,
y que bajo juramento me prometió dar esta tierra a mis descendientes,
enviará su ángel delante de ti
para que puedas traer de allá una mujer para mi hijo.
Si la mujer no está dispuesta a venir contigo,
quedarás libre de este juramento;
pero ¡en ningún caso llevarás a mi hijo hasta allá!
El criado puso la mano debajo del muslo de Abraham, su amo,
y juró que cumpliría con su encargo.
Luego tomó diez camellos, y toda clase de regalos
de lo mejor que tenía su amo,
y partió hacia la ciudad de Najor en Aram Najarayin.
Allí hizo que los camellos se arrodillaran junto al pozo de agua
que estaba en las afueras de la ciudad.
Caía la tarde, que es cuando las mujeres salen a buscar agua.
Entonces comenzó a orar:
«Señor, Dios de mi amo Abraham,
te ruego que hoy me vaya bien
y demuestres el amor que le tienes a mi amo.
Aquí me tienes, a la espera junto a la fuente,
mientras las jóvenes de esta ciudad vienen a sacar agua.
Permite que la joven a quien le diga:
"Por favor, baje usted su cántaro
para que tome yo un poco de agua",
y me conteste: "Tome usted y además daré agua a sus camellos",
sea la que tú has elegido para tu siervo Isaac.
Así estaré seguro de que tú has demostrado

el amor que le tienes a mi amo».
Aún no había terminado de orar
cuando vio que se acercaba Rebeca
con su cántaro al hombro.
Rebeca era hija de Betuel,
que a su vez era hijo de Milca y Najor, el hermano de Abraham.
La joven era muy hermosa y además virgen,
pues no había tenido relaciones sexuales con ningún hombre.

Génesis 24:7-16

La búsqueda de esposa para Isaac

Las narraciones en torno a la vida de Abraham toman un nuevo giro luego de la muerte de Sara. En esta ocasión se incorpora Rebeca, un nuevo personaje en los relatos patriarcales, que se convertirá en la esposa de Isaac. Desde la perspectiva humana esa nuera venía a llenar un importante vacío familiar, pero desde la perspectiva teológica, Rebeca se convertiría en el nuevo instrumento divino para que la promesa de una descendencia numerosa de Abraham se cumpliera (Gn 12:1-6).

El nuevo capítulo sobre la historia de Abraham (Gn 24:1-67), que es el más largo del libro de Génesis, presenta las dinámicas alrededor del matrimonio de Isaac y Rebeca, y está lleno de detalles culturales y costumbres del antiguo Oriente Medio. El juramento que debe hacer el criado a Abraham, que incluía "poner la mano debajo del muslo" (Gn 24:2), era una manera física de afirmar la importancia del acuerdo y de formalizar el compromiso.

La palabra hebrea para muslo es *yarek* que, en este contexto, se asocia a los órganos reproductores, donde se encuentran los poderes de la procreación. El acto de poner la mano cerca de los genitales, desde donde se originaba la existencia y la transmisión de la vida (Gn 47:29), era la manera responsable y pública de solemnizar el acuerdo, pues se relacionaba con el origen de la vida. Y ese compromiso afectaba también a las generaciones futuras.

La primera gran afirmación en torno a Abraham, que le brinda un importante marco de referencia familiar y teológico al relato, es la edad del patriarca, pues "estaba entrado en años" o "estaba viejo" (Gn 24:1). Y esa referencia a los muchos años del patriarca (que tenía ciento treinta y siete años, pero que llegaría hasta los ciento setenta y cinco) es signo de bienestar, misericordia y gracia de Dios.

En efecto, esas referencias a la edad y la bendición divina de Abraham eran maneras de declarar que quien va a buscar esposa para su hijo es alguien aprobado y guiado por Dios, que desea mantener y transmitir esa gracia y virtud divina para las generaciones posteriores (Gn 24:1). Como la vida del patriarca llegaba a su fin, el heredero de las promesas de Dios era Isaac, junto a su futura esposa (Gn 25:11; 26:24).

Isaac ya tenía treinta y siete años y todavía estaba soltero, que es una condición no tradicional en la cultura hebraica. Posteriormente, se casó cuando tenía cuarenta años (Gn 25:20). Y para superar esta realidad que atentaba contra la continuación de la bendición familiar que heredaría las

174 Isaac y Rebeca

promesas divinas, Abraham comisionó a su criado más antiguo, posiblemente a Eliezer de Damasco (Gn 15:2), que gozaba de toda su confianza, para que ayudara en el proceso de búsqueda de la esposa para Isaac.

Las instrucciones precisas del patriarca a su criado incluían tres detalles de gran importancia cultural y teológica. En primer lugar, la esposa no debía ser cananea; debía provenir de Mesopotamia, de la tierra de sus antepasados. De esa manera, se evitaba el politeísmo cananeo, y se afirmaban las tradiciones familiares.

El segundo requerimiento del patriarca es que la futura esposa de Isaac debía estar dispuesta a mudarse con Isaac a Canaán, que era la tierra prometida a Abraham (Gn 24:7). Ese requerimiento hacía realidad la promesa de poseer las tierras cananeas. Además, en tercer lugar, no se debía permitir a Isaac regresar a la tierra de sus antepasados, pues ese retorno, aunque fuera temporal, se entendía como una forma de subestimar o, inclusive, renunciar a las promesas divinas hechas al patriarca (Gn 12:1).

Para apoyar en esa encomienda tan importante, Abraham indica al criado que el Señor enviará un ángel para acompañarlo. La naturaleza divina de la responsabilidad del criado se enfatiza con la presencia del ángel, que garantiza que se trata de un compromiso muy serio no solo ante el patriarca, sino ante el Señor. Y la referencia en el texto bíblico al "Dios del cielo" (Gn 24:7), destaca el poder divino que estaría involucrado en el proceso.

La futura esposa de Isaac debía proceder específicamente de la tierra de Abraham. Esa instrucción del patriarca alude a una costumbre muy antigua entre muchos pueblos, de efectuar los matrimonios únicamente con miembros de la misma familia extendida, clan o tribu. Esa práctica es conocida como endogamia, y uno de los propósitos de esta tradición era evitar la contaminación religiosa y los conflictos políticos, sociales, espirituales y culturales de los contrayentes.

El criado cumple la encomienda de Abraham

Una vez que el criado del patriarca reafirmó su compromiso de cumplir con su encomienda, se organizó para comenzar su viaje. Tomó diez camellos, provisiones y buenos regalos, y salió a la ciudad de Najor, que era una comunidad mesopotámica no muy lejana de Jarán, donde previamente el patriarca había estado. Y Mesopotamia era reconocida como Aram Najarayin, que significa "Aram de los dos Ríos" (Gn 24:10), que es la región mesopotámica entre los ríos Éufrates y Tigris.

De acuerdo con la narración bíblica, cuando el criado de Abraham llegó en la tarde a las afueras de la ciudad de Najor, se detuvo en un pozo para descansar y para que los camellos tomaran agua. Llegó al lugar cuando las mujeres se movían de la ciudad al pozo para buscar agua.

El siervo de Abraham aprovechó el momento para orar a Dios, y también presentó una señal para reconocer la mujer con la que Isaac debía casarse. Y la oración y petición del criado del patriarca fue la siguiente:

Entonces comenzó a orar:
«Señor, Dios de mi amo Abraham,
te ruego que hoy me vaya bien
y demuestres el amor que le tienes a mi amo.
Aquí me tienes, a la espera junto a la fuente,
mientras las jóvenes de esta ciudad vienen a sacar agua.
Permite que la joven a quien le diga:
"Por favor, baje usted su cántaro para que tome yo un poco de agua",
y me conteste: "Tome usted y además daré agua a sus camellos",
sea la que tú has elegido para tu siervo Isaac.
Así estaré seguro de que tú has demostrado
el amor que le tienes a mi amo». Génesis 24:12-14.

Unión de Isaac. Beit Alfa. Panel del Norte.

Mientras oraba, el embajador del patriarca notó que llegaba Rebeca con su cántaro al hombro, lista para tomar el agua que necesitaba. La joven era muy hermosa y virgen; además, era hija de Betuel, que a su vez era hijo de Milca y Najor, el hermano de Abraham. Y de esta manera, el relato pone en justa perspectiva histórica, cultural y familiar las particularidades que hacían de Rebeca una candidata ideal para ser esposa de Isaac.

Cuando el siervo de Abraham se acercó a ella para que le diera un poco de agua, la respuesta de Rebeca cumplió con las señales que había puesto para identificar la mujer señalada por Dios para que fuera esposa de Isaac. Cuando la joven finalizó de dar agua a los camellos, el criado reconoció y celebró la confirmación divina: tomó un anillo y se lo puso a Rebeca en la nariz, y en los brazos le colocó dos pulseras, que eran regalos costosos que delataban la generosidad del siervo del patriarca.

La dinámica alrededor de la identificación de Rebeca como potencial candidata a ser esposa del hijo de Abraham, pone en evidencia que se trata de un proceso serio para descubrir la voluntad de Dios. De acuerdo con la narración bíblica, el futuro matrimonio de Isaac y Rebeca no es resultado de la conveniencia familiar ni producto de las casualidades de la vida. Esa unión era parte de la misericordia, el amor y la voluntad del Señor, para continuar las bendiciones que se iniciaron con las promesas divinas a Abraham al salir de las tierras de Ur de los caldeos (Gn 12:1-6).

Una lectura sobria del relato bíblico muestra, además, algunas características que no se deben subestimar o ignorar del siervo de Abraham. Era prudente, pues deseaba estar seguro de que la persona seleccionada constituía parte del plan de Dios; era prevenido, pues llevó no solo lo necesario para hacer un viaje exitoso, sino regalos que incentivaran el viaje de regreso a Canaán de la futura esposa de Isaac y, además, era un hombre de fe, pues sus continuas oraciones y alabanzas ponen de relieve esa actitud personal y su espiritualidad.

Una vez el siervo se percató que Rebeca era la mujer seleccionada por Dios para Isaac, preguntó quién era, quienes eran sus padres, y si habría lugar en su hogar para recibirlo como visita. La joven mujer mostró una vez más su cordialidad: se identificó y mostró aún más generosidad cuando respondió que había espacio en su hogar para el visitante y para sus animales. Indicó, además, quienes eran sus familiares. Y de esa manera, transmitió la idea de que estaba segura de lo que hacía al recibir al forastero.

La respuesta del criado de Abraham fue de gratitud y alabanzas a Dios.

Entonces el criado de Abraham
se arrodilló y postrado ante el Señor dijo:
«Bendito sea el Señor, el Dios de mi amo Abraham,
que no ha dejado de manifestarle su amor y fidelidad,
y a mí me ha guiado a la casa de sus parientes». Génesis 24:26-27.

Una vez más, el siervo de Abraham muestra piedad y agradecimiento ante Dios. En su alabanza destaca el amor y la misericordia que el Señor ha manifestado a Abraham. Lo llamó a salir de las tierras de sus antepasados, lo guio en su viaje a Egipto y a Hebrón, le dio la victoria en la guerra contra los reyes babilónicos, le permitió rescatar a Lot, y lo apoyó en el proceso de luto al morir Sara, su amada esposa. En efecto, Dios nunca dejó ni se olvidó del patriarca ni de las promesas que le había hecho.

Rebeca regresa a su casa

Ante la nobleza del forastero, además de los regalos, Rebeca corrió a la casa de sus padres para contarles lo que le había sucedido (Gn 24:28-30). De acuerdo con el relato bíblico, quien respondió rápidamente a las noticias de Rebeca fue su hermano Labán, que ya se había percatado del valor de los regalos que el forastero le había obsequiado a su hermana.

El encuentro de Labán y el criado de Abraham está lleno de hospitalidad y expresiones de cariño. Lo identifica como "bendito del Señor" (Gn 24:31), que revela que esa visita a su hogar estaba guiada por Dios. Además, preparó el lugar adecuado para el descanso del siervo del patriarca y para sus animales, trajo agua para que los visitantes se lavaran los pies, y les dio de comer. Y de esa forma, se pone en evidencia, una vez más, las tradiciones de hospitalidad que se vivían en el Oriente Medio.

Cuando todo estaba listo para la cena, el visitante indicó que no podía comer hasta que pudiera exponer el propósito de su viaje. Y declara:

—Yo soy criado de Abraham —comenzó él—.
El Señor ha bendecido mucho a mi amo y lo ha prosperado.
Le ha dado ovejas y vacas, oro y plata,
siervos y siervas, camellos y asnos.
Sara, la esposa de mi amo, le dio en su vejez un hijo,
al que mi amo le ha dejado todo lo que tiene.
Mi amo me hizo jurar y me dijo:

"No tomarás para mi hijo una mujer de entre las hijas de los cananeos,
en cuyo país habito.
Al contrario, irás a la familia de mi padre
y le buscarás una esposa entre las mujeres de mis parientes". Génesis 24:34-38.

Una vez el criado de Abraham relató con detalles la finalidad de su visita, Betuel y Labán respondieron que ellos aceptaban lo ocurrido, como parte de la voluntad de Dios. Pero en torno a si Rebeca se debía ir a la casa de Abraham e Isaac, la respuesta fue dubitativa, pues prefirieron que fuera la joven mujer quien tomara la decisión. Posteriormente, Rebeca decidió responder al llamado divino e ir a Canaán a encontrarse y casarse con Isaac.

Ante esa actitud respetuosa y grata de la familia de Rebeca, el criado del patriarca se postró una vez más en tierra para adorar a Dios. Luego sacó más joyas de oro y plata, además de vestidos, y se los dio a la futura esposa de Isaac; además, entregó otros regalos al hermano y a la madre de Rebeca.

Finalmente el siervo, la futura nuera de Abraham —junto con su madre y hermano, festejaron. Y de esta manera, el texto bíblico presenta un nuevo capítulo en la historia patriarcal, en donde la promesa original a Abraham se hacía realidad en la vida de un nuevo personaje, Rebeca.

La sección que concluye la narración bíblica incluye dos componentes de gran importancia teológica, histórica y cultural: el primero es la bendición que recibió Rebeca de su padre y hermano; además, del relato del primer encuentro que tuvo con Isaac en la región del Néguev (Gn 24:62).

La bendición a Rebeca fue la siguiente:

Hermana nuestra:
¡que seas madre de millares!
¡Que tus descendientes conquisten
las ciudades de sus enemigos! Génesis 24:60.

De singular importancia teológica es notar que la bendición incluye componentes de la promesa divina a Abraham; además, incorpora un elemento bélico de triunfo que no debe subestimarse. Y en medio de ese ambiente de bendición, Rebeca salió de Najor en Aram Najarayin para llegar a la región del sur de Canaán, en el Néguev, para encontrarse con Isaac.

El primer encuentro entre Rebeca e Isaac se produce en el campo, de manera inesperada. Rebeca vio a lo lejos una caravana que se acercaba, y cuando preguntó al siervo de Abraham quien era el líder del grupo, fue informada que era Isaac. Ella, siguió las costumbres de la época, se cubrió con un velo, y se encontraron; e Isaac la llevó a la tienda de campaña de Sara, donde la tomó por esposa. Y la palabra final del relato bíblico, en torno a este encuentro inesperado, es que Isaac amó a Rebeca y de esa manera superó la pena de la muerte de su madre Sara.

El comentario del siervo de Abraham al identificar a Isaac como "mi amo" (Gn 24:65), puede ser una indicación de que el patriarca había fallecido o que no podía ejercer su liderato; aunque el relato de la muerte del patriarca se incluye en el próximo capítulo del libro de Génesis. Además, la referencia a que Rebeca apoyó a Isaac para reponerse de la muerte de su madre, la ubica como la mujer ideal para proseguir con la encomienda y el cumplimiento de las promesas iniciales de Dios a Abraham.

Capítulo trece
Muerte de Abraham

Abraham volvió a casarse,
esta vez con una mujer llamada Cetura.
Los hijos que tuvo con ella fueron
Zimrán, Jocsán, Medán, Madián, Isbac y Súaj.
Jocsán fue el padre de Sabá y Dedán.
Los descendientes de Dedán fueron
los asureos, los letuseos y los leumeos.
Los hijos de Madián fueron
Efá, Éfer, Janoc, Abidá y Eldá.
Todos estos fueron hijos de Cetura.
Abraham entregó todos sus bienes a Isaac.
A los hijos de sus concubinas les hizo regalos
y, mientras él todavía estaba con vida,
los separó de su hijo Isaac,
enviándolos a las regiones orientales.
Abraham vivió ciento setenta y cinco años;
murió en buena vejez.
Luego de haber vivido muchos años,
fue a reunirse con sus antepasados.
Sus hijos Isaac e Ismael lo sepultaron en la cueva de Macpela,
que está cerca de Mamré,
es decir, en el campo del hitita Efrón, hijo de Zojar.
Este era el campo que Abraham había comprado a los hititas.
Allí lo enterraron, junto a su esposa Sara.
Luego de la muerte de Abraham,
Dios bendijo a Isaac, hijo de Abraham,
quien se quedó a vivir cerca del Pozo del Viviente que me ve.

Génesis 25:1-11

Una nueva esposa y más hijos

La vida de Abraham prosiguió luego de la muerte de Sara. Inclusive, de acuerdo con el texto bíblico (Gn 25:1), volvió a casarse, con una mujer de nombre Cetura. Algunos estudiosos piensan que la traducción adecuada del verbo *yicakj*, que tradicionalmente se presenta como "tomó", debería entenderse en pasado "había tomado", que tiene la implicación de que ya estaban casados mientras Sara vivía y se trataba de una esposa secundaria.

En el caso en que Cetura fuera una segunda esposa del patriarca, era formalmente reconocida en la comunidad y la cultura, aunque no tenía el mismo protagonismo que la primera, Sara. Referente a esta unión es importante destacar que el texto bíblico desea destacar que Abraham es el progenitor de varias tribus árabes. Algunos de esos grupos son difíciles de identificar, aunque se piensa que se trata de grupos nómadas que se desplazaban por los desiertos al este de Canaán y al sur, en la frontera con Arabia.

Entre esas tribus descendientes del patriarca están los hijos de Madián o los madianitas, que son mencionados de manera reiterada en la Biblia hebrea (Ex 2:16; 3:1; 18:1; Jc 6:1–8:35; Sal 83:9; Is 9:4). La relación entre madianitas e israelitas en las Sagradas Escrituras es compleja, pues hay períodos de apoyo y colaboración (Ex 2:1-10), y tiempos de hostilidad y guerra (Nm 25:16-18).

Cuando Abraham entendió que estaba en una etapa terminal de su vida, dividió sus bienes, de acuerdo con las costumbres y las tradiciones de la época, además de tomar en consideración la prioridad de Isaac al ser el heredero de la promesa de Dios de tener una descendencia numerosa. Isaac fue el heredero prioritario, aunque al resto de los hijos, de acuerdo con la expresión bíblica, le dejó "regalos" o "dones" que, posiblemente, se refiere a la provisión necesaria para comenzar una vida independiente y próspera.

Como parte de la herencia, de acuerdo con el relato bíblico, Abraham separó a Isaac de sus hermanos, y los envió a las regiones orientales. Esa expresión, posiblemente, se refiere a los terrenos y desiertos que están entre Siria y Arabia, al este y el sureste de Canaán. Con estas decisiones, el patriarca actuaba con misericordia y responsabilidad. La prioridad de la herencia era para Isaac, como agente divino que sería el instrumento para el cumplimiento de la promesa de una descendencia numerosa a Abraham. Sin embargo, el reconocimiento de ese detalle teológico no impidió que el patriarca tratara bien al resto de sus hijos.

El tema de la primogenitura

Las narraciones en torno a la vida de Abraham incluyen el cultural e históricamente importante tema de la primogenitura. Esa tradición, que afecta la vida del patriarca de manera directa, consistía en transmitir las bendiciones de los padres a los hijos, especialmente a los primeros hijos. Esa gracia divina, paternal y familiar se utilizaba para bendecir al primer hijo varón, que tenían derechos y responsabilidades especiales. Y esa costumbre concedía una doble porción de la herencia al primer hijo (Gn 25:29-34; Dt 21:15-17; Lc 15:11-32), además le otorgaba la responsabilidad de continuar el legado familiar, y hacerse responsable de la familia.

Desde la perspectiva teológica, estas tradiciones se relacionaban con la bendición al primer hijo de una familia, que se manifestaba no solo de manera económica, sino en el liderato que ejercía y las responsabilidades que debía llevar a efecto. Inclusive, en los procesos de sucesión en las monarquías, el tema de la primogenitura jugaba un papel protagónico, aunque en ocasiones Dios podía intervenir y cambiar el orden establecido (1 R 2:15; 2 Cr 21:3).

En la Biblia hebrea, las tradiciones asociadas a la primogenitura tienen importantes implicaciones teológicas, pues sobrepasan las dinámicas fiscales o de conveniencias humanas. Inclusive, de acuerdo con el libro del Éxodo, Dios mismo llama a Israel "mi hijo primogénito" (Ex 4:22), para destacar el rol principal de la comunidad hebrea entre las naciones. Esa afirmación divina pone en evidencia no solo componentes de privilegios fundamentados en la misericordia divina, sino que presenta la importancia de la obediencia que debía tener el pueblo de Israel a los mandamientos de Dios. En efecto, el tema de la primogenitura, asociado a los hebreos y sus descendientes, incluye responsabilidades humanas ante esa extraordinaria manifestación divina.

Las reflexiones teológicas en torno a la primogenitura se incluyen también en el Nuevo Testamento. Inclusive, se identifica a Jesús como primogénito de la creación (Col 1:15) y heredero del trono de David, porque era reconocido como hijo unigénito de Dios (Rm 8:29; Hb 1:4-6). Además, la actitud impropia de Esaú, al "vender" sus privilegios familiares como primogénito, se utiliza en la Epístola a los hebreos como una enseñanza a no subestimar o rechazar las bendiciones espirituales que se obtienen como primogénitos y herederos de Dios (Hb 12:16-17).

El estudio de la primogenitura en las Sagradas Escrituras revela las implicaciones que tenía el tema en términos de poder y responsabilidad.

No se trata únicamente de las conveniencias de herencia, con sus virtudes económicas y sociales, sino de una importante serie de deberes y obligaciones que, en efecto, reclamaban una relación especial y cercana con Dios.

Muerte del patriarca

La muerte de Abraham se describe como "buena vejez" (Gn 25:7), que es una manera de destacar que vivió feliz y en salud, ¡por ciento setenta y cinco años! Además, la narración bíblica destaca que luego de su larga y fructífera vida, "fue a reunirse con sus antepasados". En efecto, la descripción bíblica de la fase final de la vida del patriarca es muy positiva.

Esa singular frase idiomática hebrea, relacionada con las tradiciones funerarias, alude a la costumbre antigua, que todavía se afirma en las comunidades judías, de enterrar a sus seres queridos en una tumba familiar, que se describe figuradamente como "una reunión con sus familiares que ya habían muerto". Y la expresión, en el singular caso de la muerte de Abraham, puede también ser una manera de indicar que los familiares no van a olvidar al patriarca, pues lo recordarían cada vez que un nuevo miembro fallecía.

De acuerdo con el texto bíblico, en las ceremonias fúnebres de Abraham participaron dos de sus hijos, Isaac e Ismael. Sepultaron al patriarca en la tumba que poseía en la cueva de Macpela, cerca de la comunidad de Mamré, que el hitita Efrón vendió a Abraham para sepultar a Sara (Gn 23:1-20). Y ese lugar, se constituía en tumba familiar, donde posteriormente serían enterrados otros hijos del patriarca.

La nota final del relato de la muerte de Abraham es que Dios bendijo a Isaac, quien se mantuvo viviendo en el "Pozo del Viviente que me ve" (Gn 16:14). Esa declaración era una manera de afirmar que la promesa al patriarca continuaría con su hijo Isaac y que las vivencias pasadas de Abraham no debían olvidarse.

El detalle de la edad del patriarca al morir es importante, pues si murió a los ciento setenta y cinco años eso indica que vivió cien años en Canaán, que era la tierra prometida. Disfrutó un siglo la bendición de vivir en las tierras que Dios le había prometido al salir de la comodidad que vivieron sus antepasados.

La referencia a que Abraham bendijo a Isaac antes de morir (Gn 25:11) es una manera de declarar que Dios fue fiel a sus promesas. Revela, además, que Isaac era la demostración visible y física de las bendiciones invisibles y espirituales del Señor. Y el patriarca, según el testimonio bíblico, reafirmó las promesas divinas a las nuevas generaciones vía Isaac antes de fallecer.

Esta gran bendición divina anticipa el tema y las prioridades teológicas de la próxima sección del libro (Gn 25:19–35:29). Es un anticipo temático de la importante afirmación en torno al descendiente del patriarca: Isaac sembró en aquella región y ese año cosechó al ciento por uno, porque el Señor lo había bendecido (Gn 26:12). En efecto, la fidelidad divina es uno de los grandes temas teológicos del libro de Génesis, del Pentateuco, de la Biblia hebrea y del Nuevo Testamento.

Descendientes de Abraham

Una vez el libro de Génesis presenta la muerte de Abraham, las narraciones sobre sus descendientes tienen, además de elementos históricos, experiencias familiares y desafíos personales, destacan el cumplimiento de las promesas divinas al patriarca. El deceso del patriarca marca un nuevo hito teológico en los relatos bíblicos, pues afirman el compromiso y la fidelidad del Dios que se especializa en cumplir su palabra y hacer realidad sus promesas.

Los descendientes de Abraham en la Biblia se relacionan con tribus y naciones vecinas de Israel en Canaán y la tierra prometida al patriarca. De esa manera, el texto bíblico destaca las relaciones culturales y familiares de los diversos pueblos del Oriente Medio, además de afirmar que, a través de Ismael, la bendición divina iba a manifestarse en la región, independientemente de los conflictos bélicos en períodos específicos de la historia.

Luego de la muerte de Abraham, se identifican los descendientes de Ismael (Gn 25:12-18) y el nacimiento de los gemelos Jacob y Esaú (Gn 25:19-34). La crisis y las dificultades de los hijos en el vientre de Rebeca presentan el tema de los conflictos históricos entre los descendientes del patriarca. De acuerdo con las narraciones bíblicas, los conflictos entre las diversas comunidades en Canaán y sus alrededores, se originan desde antes del nacimiento de los hijos de Isaac y Rebeca.

Las narraciones asociadas al embarazo de Rebeca permiten explorar nuevos temas de carácter teológico y espiritual. A diferencia de las dinámicas alrededor de Sara, en las cuales Abraham servía de mediador, en el caso de Rebeca, Dios habla directamente con ella (Gn 25:23). Ese detalle pone de manifiesto la importancia de la mujer en las narraciones patriarcales, que no solo son instrumentos divinos para cumplir la promesa de tener una descendencia numerosa, sino que afirman que tenían la capacidad y el derecho de hablar con Dios de manera directa. Y hablaban con sabiduría, entendimiento y criticidad.

Rebeca recibe, en ese extraordinario diálogo divino-humano, el mensaje de que estaba embarazada de gemelos. Además, la palabra divina añade que, contrario a las tradiciones de los primogénitos, el hijo mayor servirá al menor. Ese detalle referente a las relaciones entre los dos hijos, que se declara inclusive antes de nacer, pone de manifiesto que esa relación entre hermanos era producto de la misericordia y la voluntad de Dios, no se fundamentaba en las virtudes de Jacob ni en los defectos de Esaú.

Los relatos del crecimiento de Jacob y Esaú revelan las personalidades de cada uno de los hijos: Esaú era dinámico y extrovertido; y Jacob se mostraba más introvertido, una persona de hogar (Gn 25:27). Del texto bíblico se desprende que la fuerza de Esaú se convirtió en su debilidad, pues en un momento de necesidad vendió su primogenitura, que era un valor extraordinario en la cultura, con implicaciones familiares inmediatas (Gn 25:29-34).

Los relatos bíblicos continúan con los descendientes de Abraham. Destacan la vida de Jacob, aunque no se analizan ni explican las implicaciones éticas de cómo consiguió "comprar" la primogenitura de su hermano Esaú. Y esas narraciones presentan la vida de Jacob en la ciudad de Guerar (Gn 26:1-34), donde recibió la revelación divina para confirmar que era heredero de las bendiciones de Abraham, en la cual se identifica al patriarca como "mi siervo", que es una distinción teológica (Gn 26:24).

En medio de su asombro, Jacob descubre que estaba en un lugar especial, pues lo describe como "casa de Dios y puerta del cielo" (Gn 28:17). Posteriormente, Jacob recibe la bendición de Isaac (Gn 27:1–28:9), y su vida llega a un punto culminante en Betel, que significa Casa de Dios (Gn 28:10-22). Y este era el nombre de una antigua comunidad cananea en la que había un santuario importante que, posteriormente, quedó como parte de los israelitas (Jc 1:22-26).

En medio de un sueño Dios se revela: vio una escalera que subía al cielo y ángeles que subían y bajaban; además, en lo alto estaba el Señor, que confirmó las promesas hechas a Abraham. Y como respuesta a esa extraordinaria revelación divina, Jacob exclamó y reiteró los temas asociados a las promesas al patriarca.

Si Dios me acompaña
y me protege en este viaje que estoy haciendo,
si me da alimento y ropa para vestirme,
y si regreso sano y salvo a la casa de mi padre,
entonces el Señor será mi Dios.
Y esta piedra conmemorativa que yo erigí
será casa de Dios y de todo lo que Dios me dé,
le daré la décima parte. Génesis 28:20-22.

Las narraciones en torno a Jacob continúan con sus experiencias con Labán, por Raquel y Lea (Gn 29:1-30), las dinámicas con los hijos de Jacob (Gn 29:31–30:24), las nuevas dificultades entre Jacob y Labán (Gn 30:25–32:55), el reencuentro y la reconciliación entre Jacob y Esaú (Gn 32:1–33:20), la venganza por la deshonra de Dina (Gn 34:1-31), la nueva bendición de Jacob en Betel (Gn 35:1-15), la muerte de Raquel (Gn 35:16-22), la referencia a los hijos de Jacob (Gn 35:22-26) y, finalmente, la muerte de Isaac (Gn 35:27-29).

El libro de Génesis, luego de presentar la muerte del hijo de Abraham —que heredaría las promesas divinas, continúa con las próximas generaciones, como las referencias a José y su familia (Gn 37:1–50:26). Esos relatos de los descendientes del patriarca constituyen el marco de referencia histórico, familiar y teológico para el éxodo de Egipto y la liberación de los hebreos de las tierras del faraón (Ex 1:1–15:27). Y el vector teológico fundamental de todas estas narraciones es el compromiso divino de cumplir su palabra y transformar sus promesas en realidades.

Referente a las narraciones asociadas con Jacob, hay un relato que tiene implicaciones históricas y teológicas especiales. Su lucha con un varón (que posteriormente se identifica como ángel del Señor), durante toda una noche, puso de manifiesto su firme deseo de recibir la bendición divina (Gn 32:22-32).

El texto bíblico desea destacar la determinación de Jacob, pues deseaba recibir la bendición de Dios. Y ante esa firmeza de carácter el representante divino cambió el nombre del lugar a Peniel, expresión que alude en hebreo al rostro de Dios. Y, además, la lucha fue tan intensa, que el ángel del Señor también cambió el nombre de Jacob a Israel, que representa un cambio sustancial de su carácter y su proyecto de vida.

El nombre Israel, que el ángel le otorgó a Jacob, significa "Dios lucha", en alusión a la experiencia de toda una noche de Jacob con el ángel de Dios. Y de esa manera, se relaciona al "nuevo" Jacob, ahora llamado Israel, con los esfuerzos humanos necesarios para obtener las metas en la vida. Que, en el caso de Israel, era la herencia que recibía como descendiente de Abraham.

Ismael, primer descendiente de Abraham

Las narraciones bíblicas en referencia a Ismael pueden dividirse en dos grandes temas. El primero es el que presenta a los descendientes del hijo de Agar, que era la criada egipcia de Sara (Gn 25:12-16). La segunda sección presenta los detalles de su muerte (Gn 25:17-18). Y como el primer hijo de Abraham fue Ismael, su descendencia se incluye en la Biblia antes que la de Isaac.

La finalidad de esta presentación, posiblemente, está relacionada con las promesas divinas que se incluyen en varios pasajes de Génesis (Gn 16:10-12; 17:20). Y el grupo es de doce hijos, que representan doce tribus y comunidades nómadas vecinas de Canaán. Y la referencia a "campamentos", en hebreo *tirot*, se refiere a un tipo de asentamiento, no muy grande, que no tenía murallas, pero que brindaba apoyo a los pastores nómadas (Gn 25:16).

A Nabayot algunos estudiosos lo identifican con los grupos nabateos que habitaban Petra, aunque también es posible que aluda a unas tribus del norte de Arabia. Y el resto de sus hijos se asocian con ciudades o con algún detalle cultural: Cedar (1 Cr 1:29; Sal 120:5), Adbel, Mibsán (se asocia con la idea de bálsamo), Mismá (ubicada al este de Temá), Dumá (era parte de Edom), Masá, Hadad (quizás era una tribu aramea), Temá (un territorio que formaba parte de las rutas comerciales, y se asocia también con un oasis), Jetur (se relaciona con un pueblo nabateo), Nafis y Cedema (se especula que está relacionada con los cadmoneos). La finalidad bíblica de esta descripción familiar es destacar la región hasta donde llegaron los hijos de Abraham por la línea de Agar, su esposa egipcia. En efecto, la influencia abrahámica es geográficamente extensa y políticamente importante.

Referente a la muerte de Ismael, la Biblia no presenta muchos detalles. Indica que vivió ciento treinta y siete años, que no es una edad tan extensa como la de su padre, pero que afirma que vivió bien y logró su propósito en la vida. Añade el relato, que sus descendientes se quedaron a vivir cerca de Egipto y en el camino que conducía a Asiria, aunque tuvieron la oposición de otro sector de la familia, posiblemente el que está asociado a Isaac.

La referencia a que los descendientes de Ismael vivieron entre Hávila y Sur, alude a la región del desierto del Sinaí, al noroeste de Arabia. En esas comunidades vivían los ismaelitas y los amalecitas. Y Sur estaba justo en la frontera con Egipto.

Capítulo catorce
Abraham en el Nuevo Testamento, el judaísmo y el islam

Por la fe Abraham,
cuando fue llamado para ir a un lugar
que más tarde recibiría como herencia,
obedeció y salió sin saber a dónde iba.
Por la fe se radicó como extranjero en la tierra prometida
y habitó en tiendas de campaña con Isaac y Jacob,
herederos también de la misma promesa,
porque esperaba la ciudad de cimientos sólidos,
de la cual Dios es arquitecto y constructor.
Por la fe incluso Sara,
a pesar de su avanzada edad y de que era estéril,
recibió fuerza para tener hijos,
porque consideró fiel al que le había hecho la promesa.
Así que de este solo hombre, ya en decadencia,
nacieron descendientes numerosos
como las estrellas del cielo
e incontables como la arena a la orilla del mar.

Carta a los hebreos 11:8-12

.

Abraham en el Nuevo Testamento

Abraham es un personaje bíblico que ha superado los límites de la historia, religiones, culturas y espiritualidades. Su importancia en la Biblia hebrea también se manifiesta con fuerza en el Nuevo Testamento, la literatura judía y el Corán. Y sus enseñanzas contribuyen positivamente al desarrollo de la fe no solo en las comunidades hebreas y cristianas, sino también en el islam.

El Nuevo Testamento destaca la vida y las enseñanzas del patriarca, especialmente lo afirman como un buen modelo de alguien que tiene fe y la vive. Además, los escritos neotestamentarios destacan que Abraham es un buen ejemplo de una persona fiel a Dios y a los valores que representan las promesas y la voluntad divina. En efecto, el patriarca es símbolo de la unión entre la fe y las obras, los valores éticos y morales, y la espiritualidad sobria, sabia y sana. Y los escritores neotestamentarios hacen referencia a la vida y ejecutorias de Abraham en unas setenta y dos ocasiones.

La vida del gran patriarca hebreo, que se presenta como "amigo de Dios" (St 2:23) y "padre de la fe" (Rm 4:11, 16), se incluye en las narraciones en los Evangelios y, particularmente, en la literatura paulina y en la Carta a los hebreos. Tanto los evangelistas como el apóstol identifican, exploran y contextualizan detalles de la vida de Abraham que tienen implicaciones importantes para el desarrollo de la fe cristiana. El patriarca es un modelo de fe que tradujo sus creencias religiosas y espiritualidad en un proyecto de vida sabio, saludable y efectivo.

El buen ejemplo de fe de Abraham, para el apóstol Pablo, permite reflexionar y exponer el importante tema teológico de la justificación por la fe. De acuerdo con la teología del apóstol, el patriarca fue "justificado", es decir, declarado justo por sus decisiones, que estaban fundamentadas en profundas convicciones espirituales, valores morales y principios éticos.

Es de notar, al estudiar los temas asociados con Abraham, que esa firmeza de carácter y sobriedad espiritual del patriarca se manifestaron aun antes de la época mosaica y de la revelación de los Diez Mandamientos (Ex 20:1-17). En efecto, el corazón de esa demostración de misericordia divina a Abraham fue su confianza en Dios y la seguridad que demostró en torno al cumplimiento de las promesas divinas.

Esa singular comprensión teológica es fundamental en el Nuevo Testamento, pues el apóstol enfatiza que la salvación que proviene de Dios es por gracia, no por obras. Y el ejemplo y testimonio de Abraham es pertinente y muy necesario para desarrollar y aplicar esos valores espirituales y teológicos que para las iglesias han sido determinantes.

Otro tema de importancia asociado a Abraham en la literatura cristiana es la afirmación de que es padre de todos los creyentes. Esa enseñanza supera las dinámicas religiosas, pues no está cautiva en el pueblo hebreo, sino que también se aplica a todos los creyentes, tanto judíos como gentiles. Y fundamentado en esa comprensión, el apóstol expande y aplica esa teología: afirma la universalidad de las promesas divinas, y destaca el acceso a la gracia del Señor, que es el marco de referencia para la salvación (Gl 3:7).

En el Nuevo testamento, la promesa dada a Abraham, de que todas las naciones de la tierra serían bendecidas por medio de su descendencia, se interpreta como un buen anuncio de la bendición que traería el Mesías a la humanidad. Para Pablo, esa descendencia se relaciona directamente con la llegada de Cristo a la historia (Gl 3:16), y por medio del Mesías cristiano la humanidad toda tenía un nuevo acceso a la bendición, gracia y salvación de Dios.

Un ejemplo adicional de la importancia de Abraham para la literatura neotestamentaria es que la vida y el testimonio del patriarca se utilizan como un buen ejemplo de obediencia y demostración de la fe. De acuerdo con la Carta a los hebreos (Hb 11:8-19), Abraham es elogiado por su obediencia y compromiso con la voluntad de Dios, que son valores indispensables para la fe cristiana que se demuestran en medio de las realidades y desafíos de la vida.

La fe firme y decidida de Abraham se puso en evidencia clara al responder positivamente al llamado divino y salir de su zona de confort, es decir, su familia y tierras, para obedecer el llamado divino (Gn 12:1-6). Además, esa fe inconmensurable llega a un nivel óptimo cuando estuvo dispuesto hasta a sacrificar a su hijo (Gn 22:1-24) para cumplir con una encomienda divina.

Un tema de mucha importancia con relación a la vida de Abraham es la hospitalidad. Esa actitud del patriarca marca de manera indeleble su carácter, prioridades y estilo de vida. La cita en la Carta a los hebreos es reveladora, pues alude al recibimiento que dio Abraham a tres visitantes inesperados (Gn 18:1-15).

Sigan amándose unos a otros fraternalmente.
No se olviden de practicar la hospitalidad,

pues gracias a ella algunos,
sin saberlo, hospedaron ángeles. Hebreos 13:1-2.

La palabra griega que se traduce como "hospitalidad", *filoxenía*, es un término que incluye dos componentes de gran importancia teológica. En primer lugar, incorpora el tema del amor (en griego *filos*) y, además, contiene el concepto de extranjeros (en griego *xenos*). Y de esta manera, se transmite la idea de amor a las personas extranjeras, que está en clara contraposición a *xenofobia*, que es el rechazo abierto y prejuiciado a extranjeros y visitantes, que no revela los valores del Reino anunciados por Jesús ni es una actitud que se desprende de las enseñanzas bíblicas.

Una de las críticas más serias en los Evangelios, asociadas al comportamiento humano, se hace a un importante sector religioso, los fariseos, que se enorgullecían de ser identificados como "hijos de Abraham". Jesús de Nazaret, de acuerdo con el Evangelio de Juan, indica que, si los fariseos fueran verdaderos hijos del patriarca, tendrían el estilo de vida y harían las obras de Abraham (Jn 8:39-40). Para el rabino galileo, los descendientes verdaderos del patriarca son las personas que siguen su ejemplo de obediencia y fidelidad, que apuntaban hacia la aceptación del Mesías como enviado y ungido de Dios.

En efecto, en el Nuevo Testamento, Abraham es un modelo de buen testimonio que vivió la teología de la justificación por la fe, y que se convirtió, por sus decisiones y valores, en padre de todos los creyentes. Y la vida y testimonio del patriarca es un tipo de anticipación del cumplimiento de la promesa del Mesías.

Abraham en el judaísmo

Para el judaísmo, Abraham es también una figura destacada. Es considerado como el primer líder nacional o patriarca del pueblo hebreo. Además, vivió una relación especial y cercana con Dios. Desde las primeras narraciones en torno a su vida, Abraham se destaca como un gran líder, y su vida y testimonio se entienden como ejemplos necesarios para vivir y demostrar el corazón de la fe judaica.

De acuerdo con la tradición y la literatura judía, Abraham fue una de las figuras más destacadas en la fundación del pueblo hebreo como nación. Dios lo llamó a salir de las tierras paganas de Ur para llevarlo a otras tierras donde le daría una descendencia numerosa. En ese proceso, el patriarca reconoció al único y verdadero Dios, y emprendió un viaje espiritual que lo llevó al monoteísmo. Y ese acto de obediencia a Dios y peregrinar de fe al porvenir le ganó el reconocimiento de convertirse en padre indiscutible del pueblo de Israel.

Para el pueblo judío, Abraham era un buen ejemplo de fe, obediencia y compromiso. Posiblemente, el punto culminante de la obediencia del patriarca se relaciona con su disposición de sacrificar a su hijo, solo por cumplir con el mandato divino. Ese acto demuestra la profundidad de la fe de Abraham, además de poner de manifiesto claramente su entereza de carácter y su dependencia de Dios. Obedeció al Señor aun en los momentos más desafiantes de la vida.

La comprensión de Abraham como padre del pueblo judío, además de las otras religiones monoteístas, es digna de admirar y celebrar. Esa actitud del patriarca que unía voluntad, dedicación, humildad, carácter y fe, es un muy buen ejemplo de las características que deben tener las personas para ser exitosas en la vida. Y su sentido de dirección espiritual fue más poderoso que la geografía y las distancias que debía vencer en su peregrinar de vida.

A esas actitudes de Abraham, las tradiciones judías añaden su sentido de hospitalidad, justicia, compasión, valor y compromiso familiar. El patriarca no solo actuó con prudencia intrafamiliar, sino que llegó hasta organizar un ejército para liberar a su sobrino Lot, que estaba bajo el cautiverio babilónico. Ese modelo de buen padre y tío se ha guardado en la historia como una de las contribuciones destacadas del patriarca para la humanidad.

Dentro del pueblo judío la figura de Abraham es fundamental, pues su ejemplo de vida lo convirtió en un buen modelo a seguir. El patriarca propició en la comunidad hebrea un sentido grato y saludable de identidad nacional, además de incentivar una espiritualidad sobria, sabia y transformadora. Y su contribución al desarrollo del monoteísmo es extraordinario.

Con el paso del tiempo, las reflexiones judías en torno a Abraham fueron en aumento. Entre los siglos III a.C. y II d.C., surge una literatura judía que no forma parte del canon de la Biblia hebrea (p.ej., libros apócrifos, Misná, Midrash y Talmud), pero que explora, reflexiona y añade detalles en referencia a la vida del patriarca. Y aunque el carácter general de algunas de esas obras tiene componentes apocalípticos, reitera valores de importancia en la vida de Abraham como es el reconocimiento del

Dios único y su compromiso con la obediencia a la palabra y revelación del Señor.

Abraham en el islam

En las comunidades islámicas, Abraham es conocido como Ibrahim, y es reconocido como un profeta de gran envergadura espiritual, teológica, política y social. También es considerado como uno de los grandes mensajeros que Dios, o Alá en el mundo musulmán, envió a la humanidad. Además, el patriarca es visto como fundador del monoteísmo al rechazar abiertamente la idolatría y afirmar la adoración a un solo Dios, que constituyó "la fe verdadera".

De acuerdo con las enseñanzas del Corán, el libro fundamental de la comunidad islámica, Abraham fue elegido y bendecido por Dios para establecer un pacto. Ese acuerdo divino-humano se establece con el compromiso de que la humanidad va a ser bendecida. La finalidad es llevar la bendición de Dios a la multitud de creyentes, incluyendo a los diversos grupos islámicos, que son parte de las religiones monoteístas asociadas con el patriarca.

El islam no ignora el buen ejemplo que dio Abraham como modelo de fe y obediencia. El testimonio del patriarca al estar dispuesto a sacrificar a su propio hijo, al cual amaba, se entiende como un buen ejemplo a emular. Y ese compromiso de fe y dedicación se celebra en las fiestas Eid-al-Adha, que es el festival del sacrifico que recuerda la importancia de hacer la voluntad de Dios, independientemente de las consecuencias.

Abraham también es visto como un buen ejemplo de fe y pureza espiritual. Para el islam, el patriarca alcanzó un estado óptimo de consagración y piedad por su cercanía a Dios, y su entrega absoluta a los valores que representan las acciones del patriarca en momentos especiales de su vida. En efecto, para la fe islámica la vida de Abraham se relaciona directamente con el establecimiento de la fe monoteísta, y con su ejemplo de sumisión total y obediencia a Dios.

Una dimensión singular de las dinámicas entre Abraham y el islam es la relación que tiene el patriarca con los territorios árabes. Esta singular relación se fundamenta en la construcción de un santuario, identificado como la Kaaba, que está en un espacio rectangular en La Meca. Ese lugar céntrico y místico de diálogo íntimo con Alá, de acuerdo con las narraciones islámicas, fue construido por Abraham e Ismael.

La relación de Abraham con el islam también toca a Mahoma, líder indiscutible y fundador de la tercera religión monoteísta en el Oriente Medio. De acuerdo con las comprensiones islámicas, Dios llamó a Abraham a salir de unas tierras politeístas e idólatras para ubicarlo en Canaán. Y en ese peregrinar fue desarrollándose el monoteísmo, en medio de sus experiencias de vida personales, familiares y nacionales.

Es interesante notar que en varias de las narraciones islámicas se incluyen experiencias similares a las del patriarca. En el peregrinar de Mahoma, que salió de La Meca para llegar finalmente a Medina, sus vivencias fueron el contexto que brindará el marco de referencia para el comienzo de una nueva vida, en la cual el islam se desarrollará. Y el objetivo final de la misión de Mahoma es presentar al mundo árabe y a la humanidad una nueva revelación divina que superaba las anteriores, tanto la judía como la cristiana.

Para el Corán, las afirmaciones teológicas que se incluyen en sus narraciones representan la fe verdadera. De acuerdo con esa percepción religiosa, con el tiempo, las comunidades judías y cristianas habían socavado la pureza y la simplicidad que debía asociarse al monoteísmo, que inició con la revelación divina a Ibrahim o Abraham. Junto con Moisés, Abraham constituye un elemento clave en las formulaciones teológicas que el Corán atribuye a Mahoma.

Para el judaísmo Abraham es el padre de Israel, y con su vida comienza el desarrollo de la identidad judía. En la fe cristiana, el patriarca es el padre de la fe, que destaca su confianza y obediencia a Dios. Y en el islam, Abraham es un profeta modelo, que es capaz de sacrificar a su hijo Isaac, en un acto de obediencia plena ante Dios.

Bibliografía

A continuación, incluimos una bibliografía selecta de los temas expuestos relacionados con Abraham, Génesis, el Pentateuco y la Biblia. Se destacan libros generalmente en español del año 2000 en adelante, con la excepción de algunas obras clásicas. Estos libros pueden ayudar a los estudiantes a profundizar un poco más en los temas expuestos. Además, en los libros de Pagán pueden encontrar bibliografías más extensas.

Baker, David W. *Diccionario del Antiguo Testamento*. Barcelona. Editorial Clie, 2012.

Blenkinsopp, Joseph. *El Pentateuco*. Estella. Navarra. Verbo Divino, 2017.

Brown, R. E.; Fitzmayer, J. A.; Murphy, R. E. *Nuevo Comentario Bíblico "San Jerónimo"*. Vol. 2. Madrid. Cristiandad, 1971-72, 2000.

Comentario bíblico hispanoamericano. Vol. 1 y 2. Madrid. Editorial Verbo Divino, 2005-06.

Comentario bíblico Mundo Hispano. Génesis. Tomo 1. El Paso. Mundo Hispano, 1995.

Calderón Pilarski; Ahida E. y Alejandro Félix Botta. *Pentateuco*. Estella. Navarra. Editorial Verbo Divino, 2015.

Calduch Benages, N. *Las mujeres en el libro de Génesis*. Reseña Bíblica. 78 2013, pp. 47-55.

Caravias Aguilar, José Luis. *De Abrahán a Jesús. La experiencia progresiva de Dios en los personajes bíblicos*. Madrid. PPC, 2017.

Collin, Matthieu. *Abrahán*. Estella. Navarra. Editorial Verbo Divino, 2001.

Farmer, W. R., et al (eds). *Comentario Bíblico Internacional*. Estella. Navarra. Editorial Verbo Divino, 1999.

Fischer, I y Navarro Puerto, M. (eds.). *La Torah*. Estella. Navarra. Editorial Verbo Divino, 2010.

Gale, T. "Abraham", *Enciclopedia Judaica*. Segunda Edición. Vol. 1. Jerusalem. Keter Publishing House, 2007.

García López, Félix. *El Pentateuco*. Estella. Navarra. Editorial Verbo Divino, 2014.

Girard, R. *El sacrificio*. Madrid. Encuentro, 2012.

Gómez-Acebo, I; Aleixandre, D. y Navarro Puerto, M. *Relectura del Génesis*. Bilbao. Desclée de Brouwer, 1997.

González, Ferrín. *La angustia de Abraham. Los orígenes culturales del islam*. Córdoba. Almuzara, 2013.

Guijarro Oporto, S.; García Salvador (eds.). *Comentario al Antiguo Testamento I*. Estella. Navarra. Casa de la Biblia, 1997.

Michaud, R. *Los patriarcas*. Estella. Navarra. Editorial Verbo Divino, 2006.

Lasord, W. S. *Panorama del Antiguo Testamento*. Buenos Aires y Grand Rapids. Nueva Creación y Eerdmans, 1995.

Loza Vera, José y Duarte Castillo, Raúl. *Introducción al Pentateuco: Génesis*. Estella. Navarra. Editorial Verbo Divino, 2001.

Pagán, Samuel. *Introducción a la Biblia hebrea*. Barcelona. Editorial Clie, 2012.

—————. *Pentateuco. Interpretación eficaz hoy*. Barcelona. Editorial Clie, 2015.

Pérez Fernández, M. *Abraham en la tradición judía, Tradiciones populares judías y musulmanas: Adán-Abrahán-Moisés*. Estella. Navarra. Editorial Verbo Divino, 2010, pp. 73-126.

Peters, F. E. *Los hijos de Abrahán: judaísmo, cristianismo e islam*. Barcelona. Laertes, 2007.

Pikaza, Xabier. *Dios judío, Dios cristiano*. Navarra. Editorial Verbo Divino, 1996.

Ropero, Alfonso; Triviño, Alfonso y Martínez, Silvia. *Clie. Diccionario Enciclopédico Ilustrado*. Barcelona. Editorial Clie, 2020.

Schaeffer, Francis. *Génesis en el tiempo y en el espacio*. Barcelona. Ediciones Evangélicas Europeas, 1974.

Ska, Jean-Louis. *Abrahán y sus huéspedes: El patriarca y los creyentes en el Dios único*. Estella. Navarra. Editorial Verbo Divino, 2004.

Silva, Kittim. *Abraham, el padre de la fe*. El Paso. Casa Bautista de Publicaciones, 2005.

Sweney, Marvin. *The Pentateuch*. Nashville. Abingdon Press, 2017.

Tellería Larrañaga, Juan María. *Teología del Antiguo Testamento*. Barcelona. Editorial Clie, 2018.

Van Rad, Gerhard. *El libro de Génesis*. Salamanca. Ediciones Sígueme, 2008.

Wénin, André. *Abrahán*. Estella. Navarra. Editorial Verbo Divino, 2017.